Realization=Vivid Dreaming

勵志書架　039

二志成——著

林侑毅——譯

夢想成真
的力量

全球成功人士實證，改變命運的超強公式

高寶書版集團

前言

在星光般閃耀的年輕歲月，相信夢想是多麼偉大的事啊。
然而比這更偉大的事，莫過於在人生遲暮之際，
尚且能在生活中如此說道：我的夢想實現啦！ **1**

　　《夢想成真的力量》大約在六年前出版，R=VD 公式徹
底改變了我的命運。我曾經生動地夢想自己是一位暢銷作
家，然而這個夢想許久未能實現。而在我實踐 VD 公式的第
十四年又七個月的某一天，《做女人要有心機──向希拉蕊
學習成功的祕訣》終於誕生了。這本書出版僅僅兩個月，就
超過了二十萬本的銷售量，更將我的夢想化為真實。後續出
版的《夢想成真的力量》系列、《效法二十七歲的李健熙》、
《以閱讀引領世界》、《二十歲，絕不能失敗》等書，也接
連創下暢銷書第一名的奇蹟。

　　任職小學教師那段時間，我住在城南市的貧民區。某
天，我買了一張要價三萬五千韓圜的櫻桃色電腦桌。在上面

架好電腦後，我向上帝獻上感恩的祈禱，並且如此宣布。

「我要從這裡走向世界。我的書不但會出現在亞洲，更會與美國、歐洲的讀者見面。」

這段話目前正由 VD 所實現，因為我的書已經陸續在日本、中國、臺灣、越南、美國翻譯出版。

R=VD 公式，扭轉了無數人的命運。

我的頭號弟子鄭懷一曾罹患不治之症，年收入也僅有三百萬韓圜，然而如今身體已完全康復，年收入還高達上億韓圜。

二號弟子黃熙哲則是曾經陷入人生谷底，甚至還一度動過販賣器官與自殺的念頭，然而如今已是掌握數個事業體、帶領數十名員工的成功 CEO。

照片被陳列在美國達拉斯總部的玫琳凱化妝品公司首席（Mary Kay NSD）鄭恩嬉女士，曾經皮包內只剩下三萬韓圜。困苦的生活，甚至使她想乾脆一走了之，如今卻已成為世界最頂尖的美容 CEO。

上述三位以 R=VD 公式扭轉自我生命的人士，至今仍舊實踐著分享的人生觀。除了基本的捐款與志工服務，更接納那些處於社會最底層的人們，作為自己的員工或弟子，幫助

他們展開全新的人生。

然而這個世界上，也有人否定《夢想成真的力量》，有些人認為本書缺乏「努力」，有些人則認為書中案例遭到扭曲。不過這些並非事實，因為《夢想成真的力量》由「第一部分：夢想」、「第二部分：努力」、「第三部分：案例」所構成，書中採用的案例，也正如「參考書目」中所列舉的，出處皆有憑有據。如果在網路上或生活中遇見否定《夢想成真的力量》的人，也只要給他們一抹溫暖的微笑，繼續意志堅定地走在自己渴望實現的夢想之路即可。

因為能不能設定夢想、追求夢想、實現夢想，都是我們自己的人生。

喜愛《夢想成真的力量》的讀者，在韓國入口網站Daum 創立了名為「Pole Pole」的部落格。「Pole Pole」目前在推動三大活動，分別是自我啟發、導師指導、共同分享。任何人只要加入這個部落格，就能免費獲得世界最高水準的自我啟發資訊。除此之外，也能接受鄭懷一、黃熙哲、鄭恩嬉、金珍姬等，韓國權威導師的親自指導。

捐款與志工服務，是「Pole Pole」社群網站的核心事業。特別講座、書香音樂會、義賣會等活動的收入，會全額捐贈給服務街友的教會、世界展望會、飢餓對策機構等機構。

目前也正進行與殘障兒童為友、貧困者人文經典讀書教育等計畫。並從二〇一二年起，開始推動在非洲與亞洲低度開發國家建造一百餘間學校與醫院的計畫，目前已有兩位會員捐款，足以提供在非洲與柬埔寨分別建造一棟以上的美麗建築。

我期望各位讀者可以藉由 R=VD 公式，獲得極大的成就。不，我更想說的是，各位讀者有非成功不可的義務。因為我深信你們的誕生，本身就背負了幫助地球上衣不暇暖、食不果腹者的使命。要是今天的你能立即搭機前往非洲或亞洲的低度開發國家，如天使般投入志工服務，當然是再好不過的；但若有許多事情牽絆而不得如此，那就來實踐 R=VD 公式吧。而且盡可能獲得最大的成就，期待有朝一日你也能將這股力量，用於照顧地球上貧苦的人們。因為這就是《夢想成真的力量》的精神。

我會為未來的那個早已成為 R 的你，以及你的 VD 加油打氣。

二〇一二年十月一日

二志成

實現你心中源源不絕的「夢想」

將你的夢想視覺化

「生動地作夢，並且將夢想記錄下來，就能心想事成。」

那是發生在一八三七年的事。以天才般的想像力聞名的小說家艾德格・愛倫・坡（Edgar Allan Poe），馳騁其現實虛幻難分難辨的狂傲才氣，提筆寫作名為《The Narrative of Arthur Gordon Pym of Nanfucket》（無中譯本）的小說。

通篇以駭人聽聞的事件貫串的這部小說，其高潮就在包含主角在內的四名船員遭遇船難而漂流海面，最後忍受不了飢餓，以抽籤方式選定其中一人，將之殺害後生食人肉的一幕。小說中因抽籤而犧牲的船員，名為理察・帕克（Richard Parker）。

接著是發生在一八八四年的事。英國法院宣布一項判決，對三名犯下前所未聞的殺人案件，將英國社會推向恐怖與衝擊之中的男人處以極刑。托馬斯・達德利（Thomas Dudley）、愛德溫・史蒂芬斯（Edwin Stephens）、愛德蒙・布魯克斯（Edmond Brooks）這三人被控訴的罪名是，遭遇船難後漂浮海上，因飢餓難耐而以抽籤方式殘忍殺害同伴，並將同伴生吃下肚。令人難以置信的是，犧牲者的名字竟然就是理察・帕克。

　　艾德格・愛倫・坡宛如親眼目睹般生動地想像這起事件，並將其化為文字。而在四十七年後，這個故事竟成了真實事件。

　　多數小說作品孕育於作者腦海中的虛構事件，並以虛構的方式記錄下來。然而也有部分作品並非如此，《南塔基特亞瑟・戈登・皮姆的故事》以及以下的作品，正是最具代表性的例子。

　　編劇亞瑟・勞（Arthur Law）曾於一八八五年創作一齣名為《卡洛琳號》的戲劇作品，內容描述遭遇船難的卡洛琳號唯一生還者羅伯特・高汀（Robert Golding）的故事。不久後，現實生活中竟有一艘名為卡洛琳的船遭遇船難。巧合的是，生還者只有一位，他的名字正是羅伯特・高汀。

作家摩根‧羅伯遜（Morgan Andrew Robertson）於一八九八年發表名為《徒勞無功》的小說，內容描述以人類史上最頂尖的技術所打造的豪華巨輪泰坦號撞上冰山後沉沒的故事。在該書出版後的十四年，也就是一九一二年，當時以人類最頂尖的技術所打造的鐵達尼號，在北大西洋撞上冰山而沉沒。此一真實事件，日後也被翻拍成李奧納多‧狄卡皮歐（Leonardo Dicaprio）所主演的電影《鐵達尼號》。然而令人驚訝的是，小說中的泰坦號與現實中的鐵達尼號，兩者沉沒的日期、乘客與船舶組員人數、救生艇數量、船身全長與排水量、撞擊冰山當時的速度等，竟如出一轍地吻合。

德國作家李昂哈德‧法蘭克（Leohard Frank）於一九二七年創作名為《歌手們》的作品，並在書中安排一位名為「漢娜」的女子。漢娜是他從小夢寐以求的理想類型，因此自然能夠栩栩如生地將漢娜的外貌與性格描繪得有如真實人物一般。在經過二十一年後的一九四八年，他與年紀小自己足足二十八歲的妙齡女子結婚。那女子名為漢娜，外貌與性格正與小說中的描述完全相同。

湯姆‧克蘭西（Tom Clancy）的小說《迫切的危機》，講述一位大毒梟在與家人通話時，電話內容遭竊聽而暴露隱身之所，最後遭哥倫比亞國家警察殺害。不可思議的是，

這部小說所依據的真實人物——大毒梟巴勃羅‧埃斯科瓦爾（Pablo Escobar），日後被發現其遭殺害的過程竟與小說雷同。[2]

上述作品，都有以下的共通點。

不論作者是有意識或無意識的，都是在現實世界與想像世界難分難辨的狀態下，生動地想像未來的某種事件，將之化為文字。而這樣的想像，也如實地在現實生活中發生。

如果，我是說如果，你也像上述作家一樣，生動地想像未來，並且將之記錄下來，同樣的事情會不會就發生在你身上呢？你衷心期盼的事情，是否就能成真了呢？

夢想公式 R=VD

這是一本關於成功技巧的書。從最直接的層面來看，人類經常被一分為二：即擁有者與一無所有者、合格者與不合格者、健康者與病痛者等，也就是區分為成功者與失敗者兩類。那麼，決定成功者與失敗者的關鍵因素是什麼？

我們一般會認為關鍵在於「努力」。當然我承認這個因素占絕大比重，但是努力真的是決定性因素嗎？相信各位一定也心知肚明事實並非如此。在這個世界上，有很多人是一輩子工作到老，卻沒有能力買下一棟屬於自己的房子；相反

地，有人是可以極盡享樂之事，坐擁大筆財富，甚至聲名遠揚。

「努力是成功的首要因素」，其實這句話從理論上來看也是說不通的。這個世界上存在著與你年齡相當，卻比你成功十倍、二十倍的人。如果成功是首要因素，那麼他們應當是比你努力十倍、二十倍的人。也就是你一天工作兩小時的話，他們一天就必須工作二十小時，甚至四十小時。但真的是這樣嗎？

發明電話的亞歷山大・格拉漢姆・貝爾（Alexander Granham Bell），似乎也對此問題大惑不解。看著德國著名物理學家約翰・飛利浦・瑞史（John Philipp Reis）所發明的電話，貝爾苦思許久，瑞史的電話足足比貝爾的電話早發明十五年，從各方面來看，皆與貝爾發明的電話一樣。只是相當奇怪的是，瑞史的電話只能傳送口哨的聲音，無法傳遞人們的聲音。簡而言之，貝爾與瑞史付出了同等的努力，獲得的結果卻截然不同：貝爾成功了，瑞史失敗了。

最後，貝爾找出了瑞史失敗的原因。在瑞史的電話當中，一顆控制電極的小螺絲偏離了千分之一吋，而貝爾電話中的螺絲，則是完好地待在該有的位置上。正因為如此，人們的聲音才得以清晰地傳送。**3** 那一瞬間，貝爾心中出現了

巨大的疑問。因為從常理來看，會犯下這項千分之一錯誤的人，不應該是著名的物理學家瑞史，而是身為聾啞學校教師的自己才是。「為什麼瑞史失敗，而我卻成功了呢？」心中滿是問號的貝爾，開始尋找自己與瑞史有所不同的決定性差異，並從中尋找解答。最後貝爾終於找到了答案，那就是潛意識思考的力量。**4** 與貝爾相反，瑞史一點也不相信潛意識思考的力量，更從未使用。

　　二十世紀最成功的女性之一——雅詩‧蘭黛（Estée Lauder）<small>當然她至今仍是最成功的女性之一</small>，以「視覺化的力量」來形容貝爾所說的潛意識思考的力量。

　　年輕時的雅詩‧蘭黛，曾經在高級住宅區的美容院，遭到一位貴婦的羞辱。「天啊，看看這件短袖上衣，簡直美翻了！請問您是在哪裡買到這件衣服的呢？」沒想到話才說完，就被對方潑了一桶冷水：「妳幹嘛要知道？反正像妳這種窮人，一輩子都買不起的啦。」

　　據說雅詩‧蘭黛一時答不上話，哭著跑出美容院。但是自尊心相當強烈的她，回到家後一再發誓，「以後拚死拚活，也不要被任何人嘲笑自己貧窮。我要成為想要什麼就能擁有什麼的人。」

　　然而並非立下「我一定要成功」的誓言，就一定會成真；

也不是埋頭苦幹，最後就能獲得成功。想要成功，內在特殊的力量不可或缺。我們需要不必汲汲營營，成功自然隨之而來的強烈能量，一般人將這股能量稱為「運氣」，雅詩‧蘭黛也很清楚這項事實。

因此她徹底研究成功人士，最終體會出如何獲得召喚成功的內在力量。結果正如各位所知，她從遭貴婦羞辱的窘境，躍升成為擁有四兆韓圜資產以二十世紀為準的全球化妝品公司雅詩蘭黛的創辦人。雅詩‧蘭黛在其自傳中，如此描述如何獲得引領成功的能量。

「將你的夢想視覺化吧。如果你的內心，能夠看見成功的公司、一筆成功的交易、已經達成的利潤等，那麼將大幅提高這個夢想成真的可能性。

「習慣用心生動地想像未來已成功的畫面，便是達成目標最強而有力的手段。

「過去我從進駐百貨公司設點前，就已經生動地夢想雅詩‧蘭黛的產品，會在大型百貨公司達到驚人銷售額的畫面。而且還不只一兩次，只要每次進駐百貨公司設點時，我都會想像數千次，如此一來，我腦海中的圖像便會真正化為現實。

「只要將成功視覺化，那個畫面總有一天必然成真。這驚人的道理，是成功人士皆知並實踐的理論。無論是在事業

領域、投資領域、或運動領域等各種領域達到最高成就的人，大部分都有在持續貫徹這個方法。 **5** 」

亞歷山大‧格拉漢姆‧貝爾稱為「潛意識思考的力量」，雅詩‧蘭黛稱為「視覺化的力量」的這股力量，在本書中則稱為 R=VD 公式。解析如下。

生動地 Vivid **作夢** Dream **，便能心想事成** Realization **。**

目錄

Part 01　成功人士實證的 R=VD 公式

Part 02　實現夢想的 R=VD 公式

Part 03　實踐 R=VD 公式

Part 04　你的夢想也能兌現

成功人士實證的 R=VD 公式

平凡的人認為,埋頭苦幹、拚命努力是成功的首要關鍵;

然而成功的人認為,能夠生動描繪自己成功模樣的能力,才是成功的首要關鍵。

兩者之中,何者正確?當然是成功的人正確。

「身為飯店大王的我,與飯店員工唯有一點不同,那就是想像成功的能力。」

飯店大王康拉德·希爾頓(Conrad Hilton)生前曾將這句話掛在嘴邊,

像是口頭禪般反覆朗誦。

歐納西斯與史匹柏
使用的夢想公式

「能夠將我從失業難關與貧窮困境拯救出來的，就是這個！」──**歐納西斯**（20 世紀希臘船王）

{ 歐納西斯與
R＝VD 一九八六年釜山港，一名外國男子走下船。幾天後，他在首爾加里峰洞的一間半地下室房內落腳。身材矮小、其貌不揚、身無分文、語言不通的這名男子，長期以失業者或 3D 產業的員工身分生活著。

二十餘年後的二○○七年，這名外國男子與韓國傑出女舞蹈歌手的分手消息，被媒體報章雜誌刊登了出來，舉國嘩然。結果過沒幾個月，他娶了比自己足足小二十多歲的某大

企業老闆的千金。你覺得這個故事會是真的嗎？

也許有百分之九十九的人會斬釘截鐵地說：「不可能。」

不過事實上確有其人，他的名字是亞理斯多德‧蘇格拉底‧歐納西斯（Aristotle Onassis）。

一九二三年九月，歐納西斯抵達布宜諾斯艾利斯，一個以僅次於法國巴黎的繁榮富庶著稱的都市。他身上全部的財產，只有可以在貧民區租屋的保證金，以及勉強維持四個月的最低生活費。他長得其貌不揚，身材又矮小；既非大學畢業，也不懂阿根廷語或英語，自然逃不了失業人士的命運。

但是經過四年後，他的戶頭竟擁有十億多韓圜的存款。這還只是開始而已。他的財產就像雪球般越滾越大，十年後竟增加到千億多韓圜。究竟這種事情是如何發生的？ 6

歐納西斯嗜書成癖，他尤其喜歡閱讀成功人士的故事，於是便自然學到 R=VD 公式。在勵志成功書籍中接觸到這個公式的相關內容時，百分之九十九的讀者會視若無睹。雖然也有些人會產生共鳴，然而卻也僅止於那一瞬間。換句話說，沒有人會將自己的一生投入在這個公式裡。

然而歐納西斯在發現這條公式的瞬間，恍然大悟地重拍了一下自己的膝蓋。

「能夠將我從失業難關與貧窮困境拯救出來的，就是這

個！」他抱著這股堅定的信念，走上了人生的道路。

有一位年輕人，每到星期六便穿上最高級的西裝前往狎鷗亭洞（譯註：位於首爾江南區的行政區，高級名牌精品店林立）。他走進即使在狎鷗亭洞中，也只有最有錢的人才會光顧的高檔餐廳。但是這位年輕人的舉止相當怪異，他對美食毫不在乎，兩眼睜得大大地直盯著顧客，接著閉上眼睛，陷入沉思。不斷重複同樣的舉動，似乎不是前來用餐，而是為了進行某種宗教儀式而來。令人驚訝的是，這位年輕人為了進行沉思儀式所付出的金額，是他透過勞力活動所賺取的一週收入。你會怎麼看待這位年輕人？

歐納西斯就是這樣一位年輕人。每到週六，他前往布宜諾斯艾利斯唯有金字塔頂端的富豪才光顧的超豪華餐廳，坐定位後，全神貫注地觀察顧客，並且生動地想像自己像他們一樣成為富豪的樣子。**7**

然而就在某一天，一位名為科斯達‧葛雷喬（Costa Gratsos）的人向他走來，與他攀談。他對歐納西斯頗為好奇。科斯達‧葛雷喬是經營「德拉科理斯（譯註：科斯達‧葛雷喬與歐納西斯的關係仍有許多謎團，該船舶公司的存在與否有待查證）」船舶公司的希臘船商。這一刻起，歐納西斯的命運徹底扭轉。

我將話題再轉到歐納西斯的羅曼史。

歐納西斯直到三十七歲都處於單身狀態，因為沒有他渴望結婚的對象。某一天，歐納西斯偶然邂逅一名少女，心臟彷彿遭電擊般小鹿亂撞了起來。那名女子，正是他「夢寐以求」的女子。

然而令人意外的是，那名女子的年齡只有十六歲。於是歐納西斯將過去在事業與累積財富上所使用的 R=VD 公式，應用在追求愛情上，而且是足足耗費了三年的時間！

也許是愛情的力量吧？亦或是夢想公式的力量？歐納西斯在四十歲那年，終於與該名女子步入禮堂。到目前為止，依然是歐納西斯正面運用 R=VD 公式的案例。

之後，歐納西斯卻將此公式應用於負面的地方。當時他深深著迷於世界頂尖女歌手瑪麗亞‧卡拉絲（Maria Callas），甚至利用這個公式使她成為愛情的俘虜。他瞞著太太，與瑪麗亞‧卡拉絲暗通款曲長達九年之久，最後歐納西斯的太太訴請離婚。

後來他邂逅了甘迺迪總統的遺孀賈桂琳‧甘迺迪（Jacqueline Kennedy），又再度墜入愛河。這一回，歐納西斯依然使用夢想公式，而賈桂琳彷彿被施了魔法般，來到歐納西斯身邊，成為他的第二任夫人。當時的歐納西斯，早已

六十二歲。8

「我在十二歲的時候，就立志成為電影導演。這不單只是夢想，我甚至清晰地構思這個夢想，最後也終於如願以償。」

——史蒂芬‧史匹柏（美國著名電影導演）

{ 史匹柏與
  R=VD　史蒂芬‧史匹柏（Steven Allan Spielberg）從十二歲起，就開始實踐夢想公式。史匹柏的小學同學詹姆‧索倫伯格（Jim Sollenberger），曾在大眾媒體的訪談中這麼透露。

「史蒂芬‧史匹柏從十二歲開始，就夢想自己參加奧斯卡頒獎典禮，並獲得奧斯卡獎，在觀眾面前致詞的模樣。由於他會鉅細靡遺地描繪出那樣的景象，因此我們都深知史帝芬的夢想。」

史蒂芬‧史匹柏在一九八九年的一次訪談中，也曾經提出類似的說法。

「我在十二歲的時候，就立志成為電影導演。這不單只是夢想，我甚至清晰地構思這個夢想，最後也終於如願以償。」

但是史匹柏並非藉由生動地想像，便立刻實現他的夢想。在他開始實踐 R=VD 公式後，長達九年時間，別說是電影導演，他連電影圈都沾不上邊。在電影相關從業人員中，也沒有人聽過史匹柏的名字。可說是完全被排除在電影圈外。

　　我想如果史匹柏只是一位平凡人，或許早就放棄了，甚至嗤之以鼻地說：「什麼生動地夢想就會心想事成？真可笑。」但是史匹柏不一樣，他選擇更生動地去作夢這條路。史蒂芬‧史匹柏甚至模仿電影導演的穿著，偷偷潛入環球影城（Universal Studios）。他表現出的態度如此理所當然，就連警衛也沒有攔下盤查。史匹柏找到一間空的辦公室後，掛上「史蒂芬‧史匹柏導演辦公室」的招牌，接著再到總機室領取電話與電話號碼。由於他的態度從容不迫，自然沒有任何人對他起疑心。**9**

　　史匹柏甚至使用這間辦公室超過兩年時間。這兩年來，史匹柏將 R=VD 公式奉為圭臬，徹徹底底地落實於生活中。在許多國際級大導演身旁親眼觀察他們工作時的一舉一動，藉此描繪出的夢想藍圖，與過去獨自一人在腦海中構思的夢想藍圖，確實有所不同。那是非常實際且現實的影像，幾乎難以區分究竟是現實還是夢想。

史匹柏的夢想成真了嗎？想必答案已無須贅言。

某天，史匹柏走出只有掛上名字招牌的辦公室，前往海邊散步。在散步途中，他與偶然遇見的男子攀談了起來。閒聊之下，發現這名男子是一位不輸史匹柏的電影愛好者。感到彼此話題投機的史匹柏，就像對老朋友般，將自己的處境與煩惱一一吐露出來。

忽然間，這名男子竟對史匹柏說：「我被你的熱情感動了。電影製作費用我來出，你就全心全意拍好電影吧。」一問之下，才知道他是美國首屈一指的富豪。史匹柏接受了他的建議，登台作《Amblin》（無中譯名）就此誕生。[10]

請記住，如果你實踐 R=VD 公式，成功的機會將如命中注定般找上門來。

{ 思考要像漂浮在 水面上的油

一九五五年，財產足以媲美二十一世紀比爾·蓋茲的亞理斯多德·蘇格拉底·歐納西斯，邀請在摩納哥國際一級方程式賽車大賽中獲得亞軍殊榮的梅賽德斯（Mercedes）賽車隊，參加他所舉辦的船上派對，藉以取悅身為梅賽德斯車隊支持者的夫人。在派對進行中，一位名為里柏（Lipper）的選手向歐納西斯問道。

「該怎麼做，才能像您一樣成為世界頂尖的富豪呢？」
歐納西斯冷靜地回答。

「就像漂浮在水面上的油，思考必須凌駕眾人之上。」

11

儘管芸芸眾生渴望成為像歐納西斯或史匹柏那樣的人，卻不懂得效法他們將思考的焦點放在描繪夢想的藍圖。但是歐納西斯或史匹柏這類人物，卻是賭上自己的一生，將思考的焦點放在描繪夢想的藍圖。也因此，他們得以成為我們熟知的歐納西斯與史匹柏。

別追隨世間眾人的思考習慣，他們的想法與清水無異。請養成像漂浮在水面上的油一樣高水準的思考習慣。實踐世間眾人未能實踐的 R=VD 公式吧，如此一來，你所期盼的夢想才能實現。

歐納西斯的回答有如禪宗啟示般，蘊含著這層深刻的意義，使原本沉醉在豪華派對的氣氛中，興致高昂的梅賽德斯賽車隊隊員，瞬間陷入一陣沉默。

不同的做夢能力，
將產生截然不同的人生

chapter
2

「我將以畫作晉升億萬富翁。」──**畢卡索**

「我將終其一生悲慘地活著，並且悲慘地死去。」──**梵谷**

{ **畢卡索 VS.**
梵谷 畢卡索與梵谷這兩位畫家，擁有不分軒輊的才
能。但是正如世人所知，兩人的人生像是天秤的兩端，形成
強烈的對比。畢卡索的人生宛如成功的典範，相反地，梵谷
的人生卻有如失敗的殷鑑。

畢卡索在三十歲出頭，已經是擁有一筆不小財富的富
翁。隨著年齡的增長，他的成就益發驚人。先是成為千萬富
翁，再晉升為億萬富翁。他作為畫家的名聲，同樣如日中天。

起初只是在藝術界小有名號，日後逐漸成為藝術界的明星，最後站上世界級畫家的舞台。

梵谷終其一生缺乏金錢與愛情。二十多歲的他一貧如洗，三十多歲的他一貧如洗，臨終前的他依然一貧如洗。他作為畫家的名聲，同樣慘不忍睹。他的畫作彷彿遭到某種詛咒般，總是無法吸引他人的目光。他沒沒無聞地活著，也沒沒無聞地離開人世。

從某方面來看，梵谷也許擁有比畢卡索更優秀的才能。因為畢卡索在畫家父親循序漸進的教育與支援下，從四歲起開始學畫，而梵谷從二十七歲開始，才開始提筆作畫。再加上梵谷沒有老師，也沒有引領他入門的人。如此優秀的梵谷，怎麼會過著比畢卡索更悲慘的人生呢？那是因為畢卡索的 VD 是正面積極的，而梵谷的 VD 卻是負面消極的。

畢卡索也曾度過與梵谷不相上下的無名時期，那段時間持續超過十年之久。他曾經是畫作賣不出去，得不到他人肯定的畫家，也曾經像梵谷一樣住在大都市的貧民區中。在那段沒沒無聞的歲月中，畢卡索心中生動地描繪出的夢想藍圖，是自己一手掌握財富與名聲的模樣，以及成為世界級畫家的模樣。也許在心中描繪夢想藍圖，仍不足以使畢卡索感到滿足，所以每當開口，他總是這麼說。

「我將以畫作晉升億萬富翁。」

「我將成為藝術史上永垂不朽的畫家。」

「我將過著富甲一方的生活，並且在臨終前留下大筆遺產。」

相反地，梵谷在心中描繪的景象，是自己孤單寂寞地離開人世的模樣，是在世時承受著貧窮與疾病之苦，最後悲慘地死去的模樣。與畢卡索一樣，梵谷也曾說出預言成真的話。

「我將終其一生悲慘地活著，並且悲慘地死去。」

「我沒有金錢與愛情。」

「不幸將長伴我左右。」

類似的言論，都能在他寄給弟弟西奧的信中發現。

擁有相同資質的兩人，其人生就如同各自心中所描繪的景象般一一實現。而在梵谷手中誕生的曠世巨作，要到梵谷悲慘地離開人世之後，再也無法被主人的失敗 VD 影響，它們的存在才逐漸受到世人關注。

雖然稍嫌囉嗦，不過筆者希望告訴讀者的，並非畫家梵谷與畢卡索的故事。筆者現在所說的，是與我們一樣身而為人的梵谷與畢卡索。另外一點要補充說明的是，筆者更是畫家梵谷的頭號粉絲。

「人們總認為能力與努力是帶來成功的關鍵，然而事實並非如此。真正帶來成功的，是生動地夢想的能力。」

——康拉德‧希爾頓（飯店大亨）

｛飯店大王的告白

曾有人斬釘截鐵地說：「一個人的未來，並非由能力所決定，而是由他心中生動描繪出的模樣所決定。」這個人就是康拉德‧希爾頓（Konrad Hilton），以行為放蕩而惡名昭彰的派瑞絲‧希爾頓（Paris Hilton）的父親。康拉德‧希爾頓在全世界打造超過兩百五十餘間的飯店，時至今日，仍有「飯店帝王」的美譽。

他曾經是飯店的「行李員」。在遭受金融海嘯波及而家道中落的家庭中艱困地成長的他，曾是個身無分文、一無所長的人。他為有錢有勢的人們提行李，打掃他們下榻的房間，靠打雜的工作維持生計。

康拉德‧希爾頓是什麼時候，透過什麼管道接觸 R=VD 公式，這點我們不得而知。也可能是直接或間接接觸下榻於自己工作的飯店的成功人士，自然而然學習到的吧。總而言之，在他年少時期，早已開始徹底實踐 R=VD 公式。

他向人求來一張當時美國最大的飯店相片，貼在自己的

書桌上，「強烈地」想像自己成為那間飯店主人的模樣。不單只是對未來懷抱夢想的程度，而是強烈地實踐 VD，到了無法區分現實與夢想的程度。甚至一天數十次地想像，直到全身精疲力盡為止。

一九四九年十月十二日，康拉德‧希爾頓的 VD 終於實現，他成了美國飯店業龍頭的掌管者。當人們詢問日後成為飯店大王的康康拉‧希爾頓成功的祕訣時。他總是如此回答。

「人們總認為能力與努力是帶來成功的關鍵，然而事實並非如此。真正帶來成功的，是生動地夢想的能力。我在擔任飯店行李員的時候，身邊有許多與我情況相同的行李員。經營飯店的能力比我優秀的大有人在，比我更努力工作的人也不在少數，但是竭盡全力描繪自己成功藍圖的，唯獨我一人。要達到成功，最重要的關鍵是做夢的能力。」[12]

{ 信 R=VD 者
{ 得成功 前面列舉歐納西斯與史匹柏，以及這裡的畢卡索與希爾頓的成功案例，藉以說明 R=VD 公式的力量，不過仍有不足之處。生動地做夢，就能心想事成，這聽起來太不科學了。然而事實並非如此，R=VD 公式是有科學根據的。關於這個部分，將留待下一章加以說明。

「只要找到適合你的領域，全力以赴，便能獲得成功。」

仔細想想，這句話多麼合理、多麼科學啊？像這樣的語句，任何人都能用力地當成口號吶喊。但是像「每天生動描繪你的未來，直到體力耗盡，那麼你就能成功。」的言論，卻總是會停留在喉嚨中，怎麼也說不出口。也許是因為我們無法確信 R=VD 公式，也無法充滿信心地向親朋好友推薦，所以至今才尚未成功吧。

但是不妨仔細思考看看，成功這個單字，本身不就是相當的抽象嗎？住在貧民區的少年，日後成為世界頂尖富豪；曾經不被電影圈接納的年輕人，最後成為榮獲奧斯卡獎的電影導演；一位飯店行李員，搖身一變成為掌管兩百五十間飯店的飯店大王。其實這些就是所謂的成功，但若深入追究，這些故事不正是最不合常理的嗎！

我認為，想要成就不可能的任務，使用一般的方法恐怕有困難，正如康拉德·希爾頓所言，徒有才能與努力還不夠。想要成就不可能的任務，就要有非比尋常的方法，例如實踐 R=VD 公式。

會進入同一所大學、同一間公司，代表擁有同等的能力。以社長的身分創辦一項事業，也是同樣的道理。儘管公司規模有大有小，不過就創立公司這件事本身來看，就代表

具備相同的創業家能力。然而在十年後的未來，每個人的境遇將截然不同。成功的人，大概只占十分之一吧。

成功的人，必是實踐 R=VD 公式的人，這點我深信不疑。當然，這些人也許不會宣揚自己是因為 R=VD 公式而獲得成功，他們只會說「這不過是好運罷了」，表現出符合我國社會文化應有的謙虛態度。因為成功的人都知道，大多數沒能成功的人都不知道 R=VD 公式的力量，也不相信這股力量。此外，這些人過去說出自己的夢想時，遭到他人的忽視而傷心難過的經驗，實在多不勝數。

筆者為寫作本書，曾拜訪許多白手起家的人士，並與他們深入訪談。有三十歲出頭，就在江南區（譯註：首爾最繁華的市區）擁有三處事業體的人；有三十歲中段班，經營兩家藥局的人；有三十歲中段班，就擁有各大媒體上經常介紹的名牌成衣賣場的人；有四十歲後半，每天營業額高達五百萬韓圜以上的人等等。

我問他們：「知道 R=VD 公式嗎？」也問他們：「你曾經試著實踐夢想公式嗎？」將他們的回答總結成一句，那就是：

「我是 R=VD 的信徒。」

做夢能力比努力更重要

「想要有新的科學發現，不一定非得要在實驗室做實驗才行。只要靠你的大腦，想像實驗便已足夠。」

——愛因斯坦（猶太裔理論物理學家，創立相對論）

{ 愛因斯坦與

R＝VD　如果對一位平凡的科學家說：「想要有新的科學發現，不一定非得在實驗室做實驗才行。只要靠你的大腦，想像實驗便已足夠。」將會有什麼反應？先別說這個，我想問讀到這句話的各位，對於這句話有什麼想法？

　　愛因斯坦是寫下科學全新一頁的劃時代科學家。無庸置疑的，他確實是一位天才，更可稱得上是百年難得一見的天

才！然而令人驚訝的是，愛因斯坦幾乎沒有在實驗室親手做實驗的經驗，大部分是進行 VD 實驗，然而誤差微乎其微，幾乎與實際測量的數值完美吻合。身為人類最優秀的科學家之一的他，透過自身的實驗，證明了「VD=R」的事實。

愛因斯坦提出的相對論，是證明 R=VD 公式力量最具代表性的例子。愛因斯坦百分之百透過 VD 實驗，完成了他的相對論。但是有不少人對此存疑，諾貝爾物理學獎得獎人勞倫茲（Hendrik Antoon Lorentz，一九〇二年以「塞曼效應理論」獲頒諾貝爾物理學獎）博士等人，對愛因斯坦的理論提出正面批判。或許這也是理所當然的事，因為愛因斯坦能夠親自交出的實驗結果，一個也沒有。

一九一九年五月二十九日，英國天文學家亞瑟·愛丁頓（Arthur Eddington）帶領觀測團隊前往非洲的肯亞。因為透過日全蝕的觀測，便可驗證愛因斯坦的理論正確與否。若愛因斯坦的理論為真，則日蝕時，將可觀測到太陽附近的星星受到太陽重力的影響，而稍微偏離原本的位置。根據觀測結果，愛因斯坦獲得勝利。觀測太陽附近星星的實際位置，發現與愛因斯坦透過 VD 實驗所預估的結果如出一轍。

愛因斯坦的案例簡單整理如下。

① 愛因斯坦取得了科學上的成功。

② 愛因斯坦實踐了 VD。

③ 愛因斯坦的 VD 最後成為 R（現實）。

　　各位讀者也是一樣的。想要成功，就必須實踐 VD，如此一來，你的 VD 總有一天會成為 R。

　　平凡的人以為，埋頭苦幹是成功的首要關鍵；而成功的人認為，能夠生動地描繪自己成功的模樣，這種能力才是成功的首要關鍵。這兩者之中，何者正確？當然是成功的人正確。「身為飯店大王的我，與平凡的飯店員工只有一點不同，那就是想像成功的能力。」飯店大王康拉德·希爾頓生前曾將這句話掛在嘴邊，像是口頭禪般反覆朗誦，希望各位也能細細思索箇中意義。

　　愛因斯坦的情況亦是如此。當平凡的科學家相信唯有在實驗室拚命實驗，才能獲得成功時，愛因斯坦卻相信實踐 VD，最後就能獲得成功。他的生命悠閒自在，邂逅女子並墜入愛河，醉心文學與哲學，並且熱愛旅行。在選擇職業時，他選擇了與物理學毫無關聯的專利局公務員。一天八小時審理專利相關資料的工作，是維持生計的來源。在此過程中，愛因斯坦仍持之以恆地實踐 VD。他生動地想像自己乘著

光線旅行的模樣，並且在想像中進行實驗與測量。

就常理上來看，愛因斯坦必定難逃失敗，而將青春歲月奉獻於實驗室中的人，終將獲得成功。然而歷史卻證明了全然相反的事實。最後成功的，並非在實驗室拚命實驗的人，而是在家中輕輕鬆鬆實踐 VD 的愛因斯坦。

「只要生動地夢想，就能心想事成。」

——詹姆斯・納斯美瑟（世界知名少校）

｛夢想成功 機會就會自己找上門

「只要生動地夢想，就能心想事成。」這句話聽起來既不切實際，又不符合常理，所以多數的人並不願實踐 VD。也許正在閱讀本書的你，也不願嘗試 VD，或者甚至沒有嘗試 VD 的經驗。

在此不妨冷靜地思考一下，社會上成功的人之所以少又少，不就是因為實踐 VD 的人非常少的緣故嗎？而今日的你仍舊無法獲得成功，不也正是因為你的人生缺少 VD 的關係嗎？

接下來是進入世界知名少校詹姆斯・納斯美瑟（James Nesmeth）故事的時候了。

他在參加越戰時遭敵軍俘虜，長達七年時間被監禁在僅能容下一名小學生勉強躺下的單人牢房內。別說與其他罪犯碰面，就連交談與運動都被禁止。納斯美瑟少校只有兩條路可以走，不是發瘋，就是張開想像的翅膀。

納斯美瑟少校選擇了後者。他在心中建造了一座高爾夫球場，並且生動地想像自己握著球桿的模樣、高爾夫球場上青翠鮮綠的草地、站在球場各個角落的人們、樹上爬上爬下的松鼠、人們的臉孔、吹拂過的微風、飄浮在天空的白雲、一同打高爾夫球的人們……。也許是太過生動地想像，他甚至能夠感受到高爾夫球裝的觸感、聞到草地的氣息、聽見松鼠迅速移動的聲響。每天四個小時，詹姆斯·納斯美瑟少校都沉浸在他所想像的十八洞球場中。

七年後恢復自由之身的納斯美瑟少校，重新握住高爾夫球桿，並且走進現實中的十八洞球場。令人驚訝的是，他在第一場的比賽中，竟打出七十桿的成績。與七年前相比，他的高爾夫球實力足足進步了二十多桿。**13**

如果詹姆斯·納斯美瑟少校做得到，那麼你也做得到。從今天起，每天生動地想像自己成功的模樣，就能在現實生活中獲得成功。雖然有些大言不慚，不過就算什麼事都不做，也依然能抓住成功的機會。

就拿歐納西斯與史匹柏來說，他們曾經與海運業和電影圈完全沾不上邊，歐納西斯曾經是菸草商，史匹柏曾經是沒有人願意聘用的電影導演志願生。再想想當時的海運業與電影圈，以及每天在知名船舶公司與電影公司勤奮工作的優秀人才。從常理來看，都應該是後者最終獲得成功。然而真正成功的人，卻是歐納西斯與史匹柏。

試著回顧你的一生吧。是否曾經渴望成功而用盡自己最大的努力，然而好的機會總是出現在他人身上？是否曾經意外地敗給似乎沒有付出太多努力的競爭者？是否曾經想著「這次一定會成功」，賭上所有的希望，最後一刻卻化為夢幻泡影？

使你嚐到失敗苦果的人，可能是傻傻地實踐 R=VD 公式的人；當你在決定性的瞬間面臨失敗，原因可能在於缺乏被稱之為成功「機運」的 VD。

即使沒有採取實際行動，也能僅以 VD 獲得耀眼成功的人們，他們的故事如果要寫成書，恐怕上百本都不夠。渴望成功，就必須「生動地夢想」成功，如此一來，機會將如命中注定般找上門來。

成功由 R=VD 決定

{ ## 成功組與
失敗組的差異　成功企業、平凡企業,以及失敗企
業,這三者的差異為何?而成功者、平凡者與失敗者,又有
什麼樣的差異?這當中必定存在許多不同。但若要說最關鍵
的差異,我認為是在於如何看待 R=VD 公式。

成功的組織與成功者,都具有以下幾個共通點。

① 利用 R=VD 公式獲得成功。

② 成功後,支付專家大筆費用,接受專業的 VD 訓練。

③ 持續反覆成功。

從企業創立初期就透過成功 VD 獲得成功，並獲選為《財星》雜誌世界五百大的企業，會定期邀請安東尼・羅賓（Anthony Robbins，《引爆潛能》作者）或傑克・坎菲爾（Jack Canfield，與馬克・韓森（Mark Victor Hansen）著有《心靈雞湯》系列）等 VD 專家，每次支付數千萬韓圜甚至超過一億韓圜的費用，學習如何徹底實踐 VD 的方法。其中尤其以 IBM、美國運通、AT&T 電信公司、金寶湯、達美樂披薩、香吉士、嬌生、奇異等為代表。

比爾・柯林頓、喬治・布希等美國前總統；希拉蕊・柯林頓等美國參、眾議院議員；世界 CEO 組織（World CEO Organization）的成員；世界各國奧運代表選手、安德烈・阿格西（Andre Agassi，網球選手）或葛瑞・諾曼（Greg Norman，高球選手）等世界級頂尖運動選手；湯姆・克魯斯（Thomas Cruise）或金凱瑞（Jim Carrey）等知名演員；陳美（Vanessa Mae）等世界級演奏家；每次推出專輯，總會登上美國告示牌排行榜第一名的歌手；美國陸海空將軍等人，也與上述的企業相同。這些人支付至少數千萬韓圜，至多數億韓圜的費用，接受成功 VD 專家有系統的 VD 教育。

他們非常清楚，成功 VD 對自己的成功扮演著決定性的角色，目前也仍持續激發自己成功，未來當然也會如此……。

平凡的組織與平凡者，都具有以下的共通點。

① 不曾利用 R=VD 公式。

② 將「支付專家費用，接受成功 VD 訓練」的言論視為無稽之談。

③ 儘管辛苦工作，卻仍持續維持平凡的狀態。

那麼平凡組的代表案例有哪些？不必外求，在你的身邊就有這樣的案例，而且還不少。也許正是你所屬的組織，也可能是你自己。平凡組的組織或個人並沒有了解到一項事實：使自己遠離成功組的決定性關鍵不在於工作量，而是實踐 VD 與否。他們為了成功，反而會選擇努力工作。當然，這樣做確實可以稍有改善，但是絕對品嘗不到成功最甜美的滋味。即使獲得了短暫的成功，終將會再度回到原點。從結果來看，平凡組注定永遠平凡。

失敗的組織與失敗者，則具有以下的共通點。

① 有意識或無意識地實踐負面 VD 的能力。

② 現實情況演變成他們的 VD，倍感挫折的他們開始掉入失敗 VD 當中。

③ 嘗到一連串的失敗後，最終一敗塗地。

失敗組的代表案例又是？面臨被淘汰的企業、即將分崩離析的家庭、處於組織改組危機之中的人、破產者、流浪漢等。失敗組的 VD 能力，僅次於成功組的 VD 能力，但是方向正好相反。

這一組實踐失敗 VD 的能力異於常人。不論是在工作量或投入工作之中的力量，失敗組皆與上述兩組相差無幾，但是他們卻總是失敗。從外在來看，幾乎看不見他們之所以失敗的原因，因此他們不是怪罪環境，就是抱怨這個世界。只是他們不知道，將自己推向失敗絕境的關鍵，其實正是自己。

過去至今，各位實踐了哪一種 VD ？是成功 VD，還是失敗 VD，亦或是任何 VD 皆未曾嘗試？而這對你的人生又產生了什麼影響？如果你渴望成功，身體與內心就必須充滿成功的能量。效法成功者的思考模式、行為模式，以及實踐VD 的模式。一味地埋頭苦幹，是絕對無法成功。就像若想翱翔天際，需要一雙翅膀；若想功成名就，不僅需要「努力」這隻翅膀，也需要「成功 VD」這另一隻翅膀才行。

「我的想像力將會創造真實。我是好萊塢最頂尖的電影導演！」

——華特‧迪士尼（華特迪士尼公司創辦人之一）

{ 想像力創造 真實

華特‧迪士尼（Walt Disney）是成功欲望極其強烈的人。從他九歲起每天凌晨三點起床去送報紙，便可見一斑。迪士尼十多歲時，一邊在學校讀書，一邊兼兩份差，這一切全是他自動自發的行為。原因只有一個：希望快點賺錢，開一間動畫公司。但是當時的迪士尼並不知道這個事實：想要成功，就必須先實踐比任何事情都還重要的成功 VD。

迪士尼就像平凡人一樣，埋頭苦幹地工作，並且存了不少的錢。然而揚起希望之帆，浩浩蕩蕩出發的「歡笑動畫公司（Laugh-O-Gram Studio）」，不到一年隨即宣告破產，創辦人華特‧迪士尼瞬間淪為失業者。原因是遭到客戶詐騙。相較於實踐成功 VD 的歐納西斯與史匹柏有幸「巧遇貴人」，不懂得實踐成功 VD 的華特‧迪士尼，卻是不幸「遭逢小人」，各位不妨對此深入思考。

人類的失敗 VD 能力，就像是與生俱來的本能。雖然我們會透過電影、書籍，生動地重現因核戰而遭破壞的地球面

貌，卻沒有能力描繪一幅地球萬物和平共處的樂園景象，這就是人類。換到個人也是如此。我們很難想像自己手中握有巨大成就的模樣，卻能夠生動清晰地描繪出自己面臨失敗、淪為街友的景象，這是人人都具備的能力。

失敗 VD 能力平時沉睡在我們體內，當不斷面臨失敗時，便囈語喃喃地逐漸甦醒，支配起我們的內心。失敗一次的人，又繼續遭受失敗的最根本原因，並非本身無能，或生不逢時，而是因失敗 VD 持續引來更大的失敗所致。

華特・迪士尼同樣無法擺脫這個失敗循環。一次的失敗，便灰心喪志，開始產生負面 VD，而負面 VD 更將其化為真實。

以下是迪士尼的失敗 VD 所帶來的一連串失敗。

① 進入拍攝新聞影片的小型電影公司擔任攝影師，不久便遭解雇。

② 繳不出房租，被房東趕了出來。

③ 飲食費沒有著落，只能撿他人吃剩的麵包果腹。

然而幸運的是，兩年後華特・迪士尼終於鼓起勇氣挑戰好萊塢，實際上也進入了好萊塢。一身乞丐裝扮的他，抵達

了好萊塢。

華特・迪士尼是以觀察力敏銳聞名的人。當他拍攝以松鼠為主題的電影《小松鼠（Perri）》時，甚至與攝影團隊二十餘人前往位於美國猶他州北部的原始林，在森林中觀察松鼠長達三年。[14] 迪士尼發揮其優異的觀察力，觀察好萊塢成功的導演、演員與製作人，發現了一項事實：他們都不約而同地實踐成功 VD，並且支付專家費用，向他們學習實踐 VD 的方法。從此以後，華特・迪士尼的人生充滿了 R=VD。

① 生涯中首度實踐成功 VD 所打造的動畫《愛麗絲夢遊仙境》一到六集，甫一推出，立刻銷售一空。儘管到了第七集，因人氣稍減而被迫停止製作，不過因為正在實踐成功 VD，抱持非成功不可的信念而奮力一搏，持續製作至第十二集。後來該片再度受到歡迎，迪士尼也因此躋身「賣座導演」之列。

② 更徹底實踐成功 VD 的同時所拍攝的電影《幸運兔奧斯華（Osward, the Lucky Rabbit）》系列，受到觀眾空前絕後的歡迎。

③ 製作《米老鼠》時，雖然員工背叛迪士尼跳槽至他家公司，投資人也懷疑該角色的賣座可能性而撤回資金，不

過迪士尼依然堅持下去，最後電影一如迪士尼成功 VD 的結果，成為史上最賣座的作品。

④ 從製作《米老鼠》起，迪士尼就生動地想像獲頒奧斯卡獎的畫面，並在四年後成真。

⑤ 在加州安那罕（Anaheim）籌備迪士尼樂園時，三百二十家銀行與投資人以「不可能實現」為由拒絕投資。然而越是如此，迪士尼越是生動地想像迪士尼樂園，其結果正如我們今日所見到的迪士尼樂園。

⑥ 美國佛羅里達州的艾波卡特中心（EPCOT Center）與日本迪士尼樂園、法國迪士尼樂園，同樣是迪士尼傾全力實踐 VD 的成就。在迪士尼辭世數年後，這些建築終於建設完工。

沒沒無聞時期的華特·迪士尼，每天一早起床，便輕輕闔上雙眼，在腦海中生動地描繪自己已經成為好萊塢頂尖電影導演的模樣。並將食指放在太陽穴上，如此大聲呼喊。

「我的想像將會創造真實。我是好萊塢最頂尖的電影導演！」

日後果真如自己的想像成為電影導演，甚至創辦電影公司的迪士尼，每到早上七點半，總會召集所有員工至攝影棚，

進行以下的儀式。

① 生動地夢想目前拍攝的電影將大獲成功。

② 將食指放在太陽穴上。

③ 大聲呼喊：「我們的想像力將會創造真實。我們拍的電影是世界最棒的電影。」[15]

透過華特·迪士尼的案例，我們可以學到以下啟示。

① 即便沒有成功 VD，只是一味埋頭苦幹，也可能獲得成功。但是問題將接踵而來，失敗可能也會從某個無法預測的地方，猛然向你撲來。

② 即使人生跌入谷底，只要開始實踐成功 VD，就會有希望。成功 VD 將帶來奇蹟般的成功。

③ 如果你也想步上「迪士尼電影公司」之路，而非「歡笑動畫公司」的話，從現在起，就必須開始實踐成功 VD。

現在的你過著什麼樣的生活呢？以及你是如何看待 R=VD 公式？如果你是埋頭苦幹型的人，為了不讓努力付諸東流，從現在起，就立刻生動地夢想成功吧！耀眼絢爛的成功，將有如禮物般出現在你面前。

如果你正經歷艱熬的失敗，千萬別坐以待斃，生動地夢

想成功吧！嶄新的希望之光，將照耀在你的身上。

如果你已經成功，更需要生動地夢想成功！如此一來，更驚人的成就將不斷找上門來。

成功由你的 VD 決定。

只要生動地夢想，
自然心想事成

{ R=VD 公式
{ 的由來　R=VD 公式是由歐洲傳入美國，接著才傳入
韓國。在歐洲，有一位將 R=VD 公式運用得爐火純青的人，
他就是拿破崙。眾所皆知，拿破崙是戰術策略方面的天才，
也是媲美凱撒、成吉思汗的戰爭英雄。這位偉大的人物，曾
在戰爭史上留下令人印象深刻的名言：「戰爭，全憑想像。」

　　拿破崙也是創造成功的天才。我們假設一位朝鮮人在
日本殖民時期進入日本士官學校就讀，最後登上日本天皇之
位，並且驅逐西歐列強、統一大陸，拿破崙正是獲得這種成
就的人物。他誕生於法國殖民地科西嘉島（Corsica），登基
成為法國皇帝，並使歐洲大陸各國皇帝俯首稱臣。拿破崙

曾經留下一句關於成功的名言：「想要成功，就得先想像成功。」

每當即將發動一場戰爭時，拿破崙總會將自己關在戰情室，想像這場戰爭。研究拿破崙權威之一的馬克斯‧蓋洛（Max Gallo）形容，拿破崙是「冥想」戰爭。拿破崙是在想像中，展開模擬戰爭。不吃、不睡持續數天的想像戰爭，直到拿破崙的軍隊獲得幾近完美的勝利時，才會宣告終結。

由於拿破崙出身殖民地，幾乎不曾得到法國的援助。他的軍隊別說是物資與武器，就連軍服與軍靴也都殘破不堪，真可稱得上是「寒酸軍團」。相反地，他所迎戰的歐洲將軍們，各個都擁有國家強大的支援。然而一旦戰爭開打，勝利總會歸於拿破崙，而不是為戰爭做好完善準備的歐洲指揮官們。

拿破崙從何得知 R=VD 公式的呢？筆者曾以為他是在《聖經》上學到這項公式，不過現在看法不同了。因為《聖經》是一本講述上帝拯救人類、關於上帝之愛的書籍，而不是自我開發類型的書。筆者認為，拿破崙早在幼年時期，就已經自行體會出 R=VD 公式。

小學時期，想必任何人都曾在音樂或體能測試前，生動地想像過自己成功完成測驗的模樣。教育學家表示，這時

你的潛力就會透過想像被激發出來，因此能夠展現超出平時數倍的實力。光是在心中生動地想像，就能提高自己的能力好幾倍，然而這個情況只適用於音樂或體能測驗嗎？當然不是，在人生各方面幾乎全部都能適用。

如果女性時時刻刻生動地想像自己變得更加漂亮的模樣，全身的細胞就會對此想法做出回應，使外貌比實際情況更突出數倍。

如果學生時時刻刻生動地想像自己的理解力和與專注力與日俱增的模樣，大腦將接收到這股熱切期盼的能量，逐漸蛻變成天才型大腦。

如果業務員或自營業者時時刻刻在心中想像客戶將如潮水般湧來的景象，就會在不知不覺中臉部發出光芒，而這張明亮且充滿自信的面容，也將擄獲客戶的心。

如果從現在起，相信自己已經實現那種不敢奢望的生活，並且發自內心真誠地想像，總有一天，能夠過著那種生活的機會將如奇蹟般降臨。

只是令人惋惜的是，許多人年紀越大，越忘記該如何做夢。十幾歲時，擔心無法考上好的大學；進入大學後，為了找工作吃盡苦頭；出社會後，則在工作與人際關係所帶來的壓力中掙扎。幾乎沒有發自內心生動地夢想未來的時間，即

便有，也只是消極地感嘆：「如果可以那樣，不知該有多好。」如此一來，人生當然不可能改變。內心必須放眼未來，才能產生具有創造性的想法，生命也才能奇蹟似地逆轉；如果緊閉內心那扇窗，將不斷出現「辦不到」的想法、「沒希望」的舉動，生命逐漸走入萬劫不復的深淵。

　　拿破崙並沒有將童年的經驗就此埋藏在記憶中，他了解到應用於音樂或體能測驗的想像力量，也同樣適用於人生各方面的事實。事實上，他眼中所見的並非對自己不利的現實條件，而是以內心想像建構出的偉大耀眼未來。儘管他以不甚理想的成績從士官學校畢業，卻大膽想像自己將那些優秀畢業生遠遠拋在腦後，成為法國家喻戶曉的將軍模樣；即使他出身法國殖民地，也懂得大膽想像自己成為法國皇帝的模樣；即使他因叛亂罪嫌疑而遭關押獄中，也能想像自己成為偉大英雄，走出監獄大門的模樣。然而當拿破崙日後如願以償成為法國皇帝時，竟一反既往，開始憑恃權力更甚於對自己的信心，從那時起，他便逐漸走向衰敗。

　　仔細想想，歷代偉人其實都是像拿破崙一樣擁有自信的人。偉人的共通點，在於勇於像孩子一樣做不可能的夢，並且發自內心相信這個夢想必然實現。讓我們再看看林肯的例子。他夢想數千年前流傳下來的惡習——奴隸制度終將廢

除，並堅信這個夢想必定實現。如果那個時候林肯只看見當時的現實情況，而非夢想，奴隸制度有可能被廢除嗎？我相信絕對不可能。

歷代偉人為實現夢想所使用的 R=VD 公式，是我們與生俱來的能力，在我們幼年時期便懂得使用。那就像「愛」與「感恩」，是上帝賜與人類的禮物。從開天闢地至今，所有創造偉大成就的人們，都不約而同使用這個夢想公式。

事實上，我們根本不必為了習得 R=VD 公式而耗費心力，只要找回童年那顆純真的信心即可。拋棄飽受世道折磨的心，以幼年時期一顆如泉水般清明澄澈的心去面對你的夢想，並且相信這個夢想吧。對生命歷程抱持正面的態度，想像你成為這個世界舞台的主人公模樣吧。時時刻刻發自內心誠摯地想像看看。如此一來，眼前的一切將瞬間改變，幸福與喜悅、感恩與成功，都會如奇蹟般地出現在你面前。

｛ R=VD 公式與現代物理學

R=VD 公式並非某位閒來無事的文學家或哲學家，為了撫慰身處在水深火熱之中的百姓，所創造出來的成功法則，也不是近現代成功哲學家製造出來的無數成功理論之一。

R=VD 公式早已存在所有人心中。那是我們在童年經常使用的公式，也是歷史上所有偉人與成功者使用的夢想公式。

儘管比 1+1=2 或 $E=mc^2$ 更值得信賴，這個公式卻沒有獲得眾人熱烈的推崇，甚至遭到輕視鄙夷，至今情況仍是如此。不妨試著在家中或職場中如此宣告。

「據說一個人的成功，乃是由做夢的能力決定，而非財富、學歷、能力等條件因素。」

我想這番話應該很難得到他人善意的回應，比較可能遭到他人嗤之以鼻。要是情況更嚴重，還可能被斥責：「別說那些無聊話了。」

難不成人類染上了否定夢想力量的病毒？總而言之，在過去歷史上，R=VD 公式從不曾得到認同，總是與夢想家，或是脫離現實、不符合科學的人畫上等號。然而進入二十世紀後，這條夢想公式竟意外得到一群人的肯定，他們就是研究號稱現代物理學寵兒的量子論與相對論的專家學者。

量子物理學家發現，宇宙充斥著比原子更小的某種微小物質，也就是量子，它具有隨時準備轉換成物質的特性。同時他們也發現，這些量子對某種非物質性的力量（即能量）有所反應。

「量子就像氣體一樣，佈滿地球與宇宙各個角落。不妨試著觀察空中十秒。從肉眼來看，或許絲毫不見任何變化，但是若以顯微鏡觀察，就會發現令人震驚的現象。你會看見空中如氣體般到處散佈的量子，正對你的思考能量產生反應，一窩蜂地湧向你的視線停留之處。量子對人類的思考能量產生反應，並在這股波動中轉換成物質。」

　　這是號稱現代物理學巔峰的量子物理學所發現的真相。當然，量子物理學研究的是原子或分子大小的世界（即百萬分之一毫米）以下的世界，因此無法直接應用於現實生活當中。若說量子世界是四次元世界，則現實世界就是三次元世界，這是永恆不變的事實；而且三次元世界包含在四次元世界內，也是不爭的事實；包含人類肉體在內，所有物質一再分割，最後將成為量子，更是無庸置疑的事實。

　　與量子論並稱現代物理學兩大支柱的相對論，也有類似的說法。

　　「能量即為物質，物質即為能量。」

　　這是相對論的核心論點，根據此一論點，我們現在的夢想即為未來的現實，當下身處的現實即為過去的夢想。更進一步來說，相對論可稱得上是 R=VD 公式在物理學上的觀

點。

以下為認同 R=VD 公式的代表性科學家。

馬克思‧普朗克（Max Planck）一九一八年獲頒諾貝爾物理學獎、維爾納‧海森堡（Werner Heisenberg）一九三二年獲頒諾貝爾物理學獎、埃爾溫‧薛丁格（Erwin Schrödinger）一九三三年獲頒諾貝爾物理學獎、保羅‧狄拉克（Paul Dirac）一九三三年獲頒諾貝爾物理學獎、沃爾夫岡‧包立（Wolfgang Pauli）一九四五年獲頒諾貝爾物理學獎、約翰‧惠勒（John Wheeler）物理學家、新名詞「黑洞（Black Hole）」發明者、戴維‧玻姆（David Bohm）英國理論物理學家。[16]

我們來試想一個情況：你偶然獲得一幅畫，總覺得這像是畢卡索尚未發表的作品，因此委託法國羅浮宮博物館鑑定。羅浮宮博物館鑑定後將該作品交還給你，同時附上一張寫有「證實為畢卡索尚未發表的作品」的親筆證書。如果真是如此，你將如何對待這幅畫？想必會傾全力保護與管理這幅畫吧？只要聽到畢卡索的「畢」字，就算正睡得香甜，也會猛然起身，檢查這幅畫是否完好如初吧？

主張「人們會依照其夢想成真」的 R=VD 公式，其真實性早已獲得量子論與相對論這兩大現代物理學支柱的證實，是相當具有科學根據的公式。

如果你不相信夢想公式的威力，那就是你個人的損失；

而如果不願實踐夢想公式，代表你正在不知不覺中走向失敗。但是，一旦當你下定決心實踐夢想公式時，那也意味著你已經穩健地走在成功的道路上了。

不管選擇何者，都是你個人的自由。

R=VD 效果的見證人

「想像將決定一個人的未來。」

——詹姆斯・艾倫（西方文壇傳奇作家）

{ **透過人生**
{ **親身實證的人們**　世界上最難相信的，就是人類
說的話，因為人類是地球上唯一懂得說謊的生物；相反地，
世界上最值得信賴的，同樣是人類說的話，因為人類也是地
球上唯一願意賭上生命說出真相的生物。

　　「哪些人說的話可以相信？」對於這個問題，每個人的
立場不同，答案自然也有千千萬萬種。但是符合以下標準的
人所說的話，想必世界上沒有任何人會提出異議。

①　為了探究實現夢想的方法而放棄保證功成名就的職業，或是耗盡十餘年時間發現實現夢想的方法，並終其一生將此方法無私地分享給世人的人。

②　經歷四十餘年時間，實驗超過三千萬人，最後獲得眾人認同「此人所言不假」的人。

③　宣稱「對我的說法存疑的人，歡迎隨時與我聯絡」，並向全世界公開自己的住址或個人網頁的人。

④　三十多年來實踐自己的信念，最後獲得驚人成就，並親自將此信念傳授給世界二十多國、一百多萬人，使他們也獲得驚人成就的人。

這些人是誰？他們又曾說過哪些話？

詹姆斯・艾倫（James Allen）一八六四年出生於英國。他在一九○二年毅然決然放棄做得有聲有色的經營顧問一職，前往位於英國南部海岸邊的一座小村莊。他在當地十餘年來鑽研再鑽延，終於發現某個祕密，並將此祕密撰寫成書，推廣至全世界。

他的書在全球賣出超過一千萬本以上，若以今日貨幣換算，足足超過一百億韓圜，但是版稅卻分毫未取。因為他認

為，金錢將阻礙自己發現的祕密傳播至全世界。

在他辭世後，出現不少研究他著作的人。他們以一句話總結詹姆斯・艾倫發現的實現夢想的祕密：「想像會決定一個人的未來。」[17]

「現在你無法過著成功的人生，原因就在於你不相信成功。試著每天三十分鐘在內心生動地想像自己已經成功的模樣吧。如此一來，你就能真正獲得成功。」

——**麥斯威爾・瑪爾茲**（美國整形外科醫師，作家）

麥斯威爾・瑪爾茲（Maxwell Maltz）是一位美國整形外科醫師。他在治療患者的過程中，注意到一個相當奇特的現象。他發現患者對自己的信心，會改變患者自身的性格，甚至扭轉他的一生。

他耗時數十年研究此一現象，最後在六十歲那年，向全世界發表他的研究結果，並開始對外傳播。

「現在你無法過著成功的人生，原因就在於你不相信成功。試著每天三十分鐘在內心生動地想像自己已經成功的模樣吧。如此一來，你就能真正獲得成功。」

這段話至今已流傳四十餘年，由超過三千萬以上的人親

身實驗過。許多人藉由瑪爾茲的主張獲得極大的成就，並以瑪爾茲為師，化身為「麥斯威爾‧瑪爾茲學說的傳播者」，幾乎沒有人表示完全不見效果。

丹‧甘迺迪（美國知名行銷顧問、成功學講師）

丹‧甘迺迪（Dan S. Kennedy）曾有口吃的毛病。某天，他接觸到麥斯威爾‧瑪爾茲博士的理論，並且將這個理論應用於自己的人生。今日的他，一場演講的酬勞是一億韓圜以上。他不斷生動地想像自己從口吃進步到滔滔不絕的模樣，結果搖身一變成為世界級的專業演說家。

丹‧甘迺迪演講的內容，主要與 R=VD 公式根據麥斯威爾‧瑪爾茲的形容，是為心理控制（Psycho-Cybernetics）相關。他的傳真與住址、個人網頁，早已向世界公開有興趣的讀者，可以參考《The new Psycho-Cybernetic》一書第三十二頁。他表示，若有人對心理控制術有任何疑問或抱持不同看法，歡迎隨時向他提出。

傑克‧坎菲爾（暢銷書《心靈雞湯》系列的策劃者之一）

傑克‧坎菲爾在大學時期，以桶裝廉價番茄醬煮湯做為

主食，因為家中經濟陷入困境，他本身也沒有賺錢的能力。

　　大學畢業後，他前往位於芝加哥南部的某所小學任職，該校清一色全是貧民窟出身的黑人學生。但是他不希望人生就此停止，因此開始研究成功的人物，並體會出 R=VD 公式，三十餘年來實踐此一公式。最後他獲得以下成就。

　　① 成為擁有四十多國、八千萬名讀者的作者。

　　② 成為歐普拉脫口秀等各大電視節目的常客。

　　③ 《財星》雜誌世界五百大企業接連邀請演講的人氣演講者。

　　傑克・坎菲爾如今仍持續向人們傳授 R=VD 公式，至今已對美國五十州及世界二十餘國、超過一百萬人，系統性地教導 R=VD 公式，並獲得以下成就。

　　① 在他的學生中，以白手起家晉升百萬富翁的案例不勝枚舉。

　　② 在自己任職的公司刷新銷售紀錄的人多不勝數。

　　③ 從普通員工升遷為最高經營者的人不計其數。

　　④ 知名演員、歌手、運動選手輩出。

⑤ 暢銷作家輩出。

⑥ 在選舉中獲得壓倒性勝利，順利進入政治圈的人所在多有。

　　總而言之，向傑克・坎菲爾接受完整 R=VD 教育的人，全都獲得令人稱羨的成就。補充一點，傑克・坎菲爾的 R=VD 教育成功案例，也多次在美國各大電視節目中播出。**18**

我們的腦袋也會做夢

chapter 7

{ 網狀激發系統

RAS　在你的大腦深處，有一個網狀激發系統 RAS，Reticular Activating System，亦稱組織活性化體系。RAS 分泌掌管注意力與專注力的神經傳導物質多巴胺（Dopamine）與正腎上腺素（Norepinephrine），使腦部得以學習、自我控制、激發動機。那麼，如果 RAS 無法發揮正常功能，會出現什麼問題呢？答案是罹患精神障礙疾病——ADHD 注意力不足過動症。

另一方面，RAS 也在大腦中發揮相當特殊的功能。該系統以極快的速度分類每秒傳來約一億次的神經脈衝，將重要資訊儲存下來，並刪除不必要的資訊。因此，RAS 可避免資訊混亂或資訊過剩的狀態，使腦部專注於重要資訊。

根據腦部專科醫師的說法，人類的 RAS 不斷往負面的方向進化。想來也是如此，不論是在原始社會中面對猛獸與天災地變，或是進入文明社會後面對不斷展開的戰爭_{將人類歷史}以百分比來看，沒有戰爭的時間僅占百分之八，人類總是處在性命的威脅之中，也因此大腦逐漸演變成將重點放於生存之上。

　　要在危險地區生存下去，「懷疑」與「否定」不可或缺。只要聽到哪裡傳來風吹草動的聲音，就得立刻懷疑是否有猛獸藏匿，並將所有陌生人一律視為敵人。如果降低警戒或卸下心防相信任何人，將立刻招來橫禍，不是成為猛獸的佳餚，就是意外遭人襲擊。

　　在原始社會或戰爭時期，這種生活態度固然沒錯，但是今日情況已全然不同。RAS 必須將重點放在正面的資訊，人類才能生存，也才能創造繁榮富庶。試想將客戶視為敵人的公司，有可能生存下去嗎？在現代社會中，縱然是面對有意破壞合約的客戶，也必須採取以大愛包容對方、感動對方的態度。唯有內部凝聚這種共識的公司，才能真正存活下來，也才能有所成長。簡而言之，如今我們身處的時代，早已轉變成必須將 RAS 的重點放在「信賴」與「正面」之上的組織與個人，才有能力生存下去的時代。

　　然而令人惋惜的是，多數人仍帶有原始社會的負面

RAS。舉例來說，如果沒來由地突然被公司上司找去，一定會先擔心「我是不是做錯什麼事了？」幾乎沒有人抱持正面的想法，認為「可能要好好稱讚我一番吧，或是要將一份夢寐以求的企劃案交給我吧」。

腦部專科醫師與心理學家，以及自我開發專家們同聲呼籲：「RAS的重點放在負面資訊的人，別說是成功的可能性，就連生存都有困難。」若想在現代社會獲得成功，就必須利用大腦無法分辨現實與想像的特性，使RAS轉變為將重點放在正面資訊的系統。

{ 網狀激發系統與 R=VD

為了改變RAS，必須先了解大腦無法區分想像與現實的特性。

現在就來想像將一片檸檬放入嘴中，並且用力將檸檬片咬碎。如果是身體機能正常的人，嘴中必然已充滿了口水。為什麼會出現這樣的現象？因為沒有能力區分想像與現實的大腦，會接收到酸味的訊息，並發出分泌唾液的命令。

最直接表現大腦無法區分想像與現實的案例，就是催眠。將一個人催眠後，以冰柱碰觸實驗者身體，並告訴他這是燒得紅通通的鐵條，那麼該接觸部位就會冒出水泡。這是

因為大腦將催眠狀態的想像誤以為真實，為保護皮膚免於燙傷而下達產生水泡的命令。

在罹患多重人格障礙的人身上，可以看見大腦無法分辨想像與現實的極端情況。罹患多重人格障礙而身體處於正常狀態的女性患者，當她想像自己是罹患糖尿病的男性時，會發生什麼事？這位女性患者的聲音與舉止將變得相當男性化，原本正常的血糖數值也會升高至與糖尿病患者相同的程度。這也是大腦將想像誤以為現實所產生的現象。

如果利用大腦的這種特性，每天利用三十分鐘想像自己成功的模樣，會出現什麼結果？大腦將會相信你已經獲得成功。最後，RAS 將視「成功」相關的訊息為最重要的資訊，下令將此資訊傳送給自己，而當「失敗」相關的訊息傳來時，則下令刪除此一資訊。什麼是與成功相關的資訊？自信心、魅力、實踐力、行動力、判斷力、領導能力等。也就是說，當你持續實踐 R=VD 公式時，將自然而然具備領導者的思考模式與行動力。

根據哈佛大學的研究結果，可以得知生動地想像如何有效增進網狀激發系統。研究團隊將智力程度相當的實驗者分為兩組，再請各組按照要求完成任務。

A組：生動地想像自己成功完成任務的模樣後，再執行
　　　任務。
B組：直接執行任務。

結果如何？

A組執行任務的能力高達百分之百的準確度，相反地，
B組只有百分之五十五的準確度。

你是哪一種類型的人？

是在公司無法完成上司交辦的任務，終日惶恐不安的人
嗎？如果是這樣，從今天起，每天利用時間生動地想像自己
順利完成公司業務的模樣吧。如此一來，RAS會把大腦的重
點放在領導能力與卓越不凡的業務能力，不知不覺間，你將
擁有充滿魅力的領導能力，並使自己蛻變成有如獅子般朝目
標奮力前進的人。

你的夢想是什麼？

是幾年內賺進十億韓圜，投入慈善事業嗎？如果是這
樣，從現在起，每天利用時間生動地想像自己以十億韓圜投
入慈善事業的模樣吧。如此一來，RAS將會把大腦的重點放
在十億韓圜與慈善事業，使你抓住賺進十億韓圜的機會。投

入慈善事業的能力也是如此，它將使你具備拿出十億韓圜投入慈善事業的勇氣與判斷力。

你是否有夢寐以求的對象？

每天利用時間闔上雙眼，生動地想像你已經擄獲他或她的心。如此一來，RAS 將受到激發，散發出足以使他／她一眼著迷於你的魅力與風格。過不了多久，你夢寐以求的對象將會更渴望擁有你。

﹛未來記憶與
﹛R=VD

喬治華盛頓大學（The George Washington University）醫學院神經系教授，同時也是《國家地理（National Geographic）》雜誌顧問委員的理查・瑞斯塔克（Richard Restak）博士，是出版過十二本與腦部相關著作的該領域專家。

根據博士所言，大腦前額葉內有負責未來記憶 Future Memory 的區塊。正是這個區塊，會使頭腦記憶未來。[19]

不是記憶過去，而是記憶未來？也許有人還摸不著頭緒。但正如愛因斯坦或史帝芬・霍金（Stephen Hawking）等物理學家的發現，時間不一定流向未來，時間也很有可能流向過去。

現代科學研究出的腦部能力，尚不及整體腦能力的百分之十。其餘百分之九十只能賦予「潛意識」這個權宜之名，目前也仍沒有能力研究此一領域。根據腦部醫學界與物理學界所發現的真相，我們的潛意識知道我們的未來，並且將未來轉換為記憶，儲存於前額葉之中。

在成功學中，以「迎接成功」來形容此一現象。對成功的渴望，其實是前額葉早已透過未來記憶看見已經成功的模樣所產生的。也就是說，在未來某個時間點一定會成功的人，現在正擁有成功的夢想。因此，「邁向成功」這樣的形容並不恰當。「邁向」一詞包含「奮鬥」、「掙扎」之意，這並非已經看見確切事實的人所採取的態度。明確知道成功就在眼前的人，不可能每天過著掙扎奮鬥的生活，他們會以洋溢著幸福、輕快的心情度過每一天。因為他們知道，自己的成功早已是既定事實。如此看來，我們不應該說「邁向成功」，而是要說「迎接成功」。

儘管存在許多宗教上的爭議，不過以《Move Ahead With Possibility Thinking》（無中譯本）一書在自我開發界擁有高知名度的羅伯特・舒樂（Robert H. Schuller）博士，根據這個事實，向懷抱成功夢想卻裹足不前的人丟出以下問題，而一時聲名大噪。

「如果你確知未來終將成功，現在會做什麼？」

渴望未來記憶成真，就必須刺激負責未來記憶的區塊；一旦這個區塊受到刺激，將可達到以下的效果。

① 大腦會將未來記憶視為真正的事實。

② 大腦會察覺未來記憶與現實情況間的差距。

③ 大腦會認定，未來記憶與現實情況間的差距為必須修正的訊息。

④ 大腦會開始利用潛意識的力量修正錯誤。

⑤ 大腦的主人會開始產生將未來記憶化為現實的能力，亦即強韌的意志力、更高層次的智慧等內在能力。

⑥ 未來記憶與現實情況間的差距會逐漸拉近。

⑦ 未來記憶成為現實。

如何激發負責未來記憶的區塊？唯一的方法是實踐 R=VD 公式。這是理查‧瑞斯塔克博士、丹尼爾‧亞曼（Daniel G Amen）博士、春山茂雄博士等世界級腦部權威的共同看法。

任何人的心中，都有某個他渴望成為的人物。如果我們每天生動地想像那個人，大腦會出現什麼變化？前額葉中

負責未來記憶的區塊將受到強烈刺激，使夢想的神經訊號積極傳遞至潛意識世界。「現在我所傳遞的訊號中，乘載著主人真正的模樣，必須讓夢想快點實現才行。」這時潛意識才會伸個懶腰，開始活動起來。如果每天重複這個過程，將出現什麼結果？你將在不知不覺間，擁有將夢想化為現實的能力。

但是腦中如果沒有任何夢想，負責未來記憶的區塊將進入靜止狀態，而這也將轉換為神經訊號，傳遞至潛意識世界。「我的主人沒有什麼特別的渴望，一如往常繼續睡覺吧。」如果每天重複這個過程，將出現什麼結果？你將會過著極其平凡的人生。

試著反省自己吧。現在的你，正傳遞什麼樣的訊號給潛意識呢？

實現夢想的
R=VD 公式

多數人渴望讀好書,在各項考試中獲得優異的成績,

然而在現實生活中,卻經常做出不明智的舉動。

整天擔心課業,擔心無法通過考試。

即便用盡全力也無法想像自己熱愛讀書,樂在其中、興高采烈的模樣,

卻可以輕鬆地想像自己受盡學業的折磨,痛苦萬分的畫面;

沒有勇氣想像自己排行全校第一、全國第一、社內第一的模樣,

卻能輕易地想像自己得到普通成績的模樣、考試搞砸的模樣。

也就是說,每天、每瞬間都會不自覺地浮現破壞自我夢想的 VD。

思考帶來財富

Chapter 1

{ 以哪一種富翁
為榜樣　試想以下情況。假設家中有一人罹患重大疾病，現在賦予你選擇權，從以下四位醫師中選擇治療家人的醫師。在這四位醫師當中，你會選擇哪一位？

① 市內頂尖專科醫師

② 縣內頂尖專科醫師

③ 韓國頂尖專科醫師

④ 世界頂尖專科醫師

再假設另一個情況。現在你的手中握有另一個選擇權，

這次你可以從兩位醫師中選出一位，這兩位皆具有世界頂尖的醫療能力。

第一位醫師屬於手術機器型，徒有能力，缺乏感情。對於貧困的患者，連正眼都不願瞧一眼，他只治療支付醫療費用的患者。第二位醫師屬於聖人型，既有能力，又富有感情。他對錢不感興趣，不但為貧困者提供免費醫療，甚至補助他們生活費，堪稱二十一世紀的史懷哲。你會將家人交給哪一位醫師？

那麼，現在將問題換成富翁。假設家中有一人渴望成為富翁，你可以從以下四位富翁中選出一位介紹給他。你會介紹誰呢？

① 市內首富
② 縣內首富
③ 韓國首富
④ 世界首富

不管是誰，想必都會選擇世界首富介紹給家人吧。

那麼，這次再假設另一個情況。現在你的手中握有選擇權，可以從兩位世界首富選出一位，介紹給家人作為老師，

這兩位富翁都熟知世界最厲害的致富之道。

第一位富翁屬於賺錢機器型，他賺錢只為自己，也只願意為自己花錢。第二位富翁屬於將財富昇華為藝術型，他賺錢是為了讓所有人過得幸福，也將財富奉獻給這個世界。他不僅是世界首富，也是樂善好施者。你會向家人介紹哪一位世界首富呢？

﹛ 安心可靠的 財富導師

世界上的富翁不計其數，而他們所說的致富之道，多到令人眼花撩亂。也許現在讀到這段文字的各位，也曾經讀過教人如何創造財富的書籍。

然而令人惋惜的是，市面上氾濫的「致富之道」，不過是那些大不了賺個十億韓圜，勉強躋身富豪世界中的窮人所提出的言論。

想要成為真正的富翁，就必須學習頂尖富豪提出的致富之道。十億韓圜、百億韓圜程度的富翁，他們所說的話不足採信，唯有財富以兆、京為單位計算的大富豪所說的話，才值得相信。也就是說，必須向累積資產達到世界第一的人學習致富之道，才是成為真正富翁的唯一途徑。

有句話說：「朝太陽丟出的標槍飛最高。」致富之道

也是一樣的。唯有遵循世界首富提出的方法，才能成為真正的大富翁。如果聽信賺得十億韓圜、百億韓圜的人提出的方法，無論你怎麼努力，最多也只有一億韓圜或兩到三億韓圜的收入。

儘管如此，有些人即使擁有世界首富之名，本質上也可能只是個窮人。如果他的內心無法戰勝金錢，淪為金錢的奴隸，他就是個窮人。

總結來說，真正的致富之道，只能向下列這些人學習。

① 白手起家累積大筆財富的人。
② 尊重人類更勝金錢的人。
③ 教導他人致富之道，並使之成為億萬以上富翁的人。
④ 臨終前將自己累積的財富大方捐給社會的人。

真有這樣的富翁嗎？在韓國被稱為鋼鐵大王、在世界上以大慈善家聞名的安德魯‧卡內基（Andrew Carnegie），就是這樣一位富翁。一言以蔽之，安德魯‧卡內基所說的致富之道，是值得信賴的。儘管在累積財富的過程中，曾有部分行為違背倫理，不過綜觀他的一生，我們可以明確看見他尊重人類更勝金錢這點。

眾所皆知，安德魯‧卡內基是人類歷史上數一數二的大富豪，然而他的起步卻相當卑微。他第一個工作的地點，是棉織品工廠。整天抓著線捲纏繞棉線，一週的酬勞是一美元二十分。這個工作令他痛苦萬分，以至於在夜深人靜時，經常從睡夢中嘶吼著醒來。而能幫助他脫離痛苦的方法，只有一個，那就是成為富翁。因此，卡內基開始全心全意地夢想財富。

我們知道，成功學始於英國，並且在美國大鳴大放。雖然今日榮景依舊，不過早在安德魯‧卡內基身處的時代，只要有心，任何一位美國人都有機會接觸到成功學書籍。

年輕的卡內基熱愛閱讀。即使在工廠從事辛苦的勞力工作，他也依然每天利用時間閱讀；只要工廠放假，他必定一早就到圖書館報到。在所有成功學書籍中，都寫有 R=VD 公式。特別熱愛成功學書籍的青年卡內基，自然而然透過書本學習到 R=VD 公式。

安德魯‧卡內基將成功學書籍上學到的 R=VD 公式，發展成自己一套獨特的理論（即安德魯‧卡內基日後在全世界廣為流傳的「實現願望的六項原則」）。再加上經手的事業無不大獲成功，最後自然累積大筆可觀的財富。然而他認為「坐擁大筆財富死去，是最大的羞恥」，因此在臨終前，他

將大部分的財產捐獻給教會與社會。[20]

　　從結論上來說，如果是安德魯·卡內基的話，絕對是一名安心可靠的財富導師，值得介紹給我們最珍愛的家人。

{安德魯·卡內基的
{致富指導術　以下是安德魯·卡內基提出的「實現願望的六項原則」

① 明確擬訂渴望的財富數字。

② 規劃獲得這筆財富的行動。

③ 確實訂定財富入手的日期。

④ 擬訂詳細的賺錢計畫，並立即付諸行動。

⑤ 將上述四項原則以紙筆記錄下來。

⑥ 每天大聲朗讀兩次，一次在起床時，一次在就寢前。

　　最重要的是，生動地想像自己已經在預定的日期達到渴望的財富數字。

　　看到這裡你一定感到有些錯愕。在我初次接觸這些原則時，內心也有不小的震撼。仔細想想，這和「把大象放入冰箱的方法」是否有異曲同工之妙？

① 牽來一隻大象	① 寫下渴望擁有的財富數字
② 打開冰箱門	② 寫下渴望擁有的日期
③ 放進大象	③ 大聲朗讀
④ 關上冰箱門	④ 獲得財富

還記得我自己也曾經嘲笑這些原則，「如果這樣就能致富，那人人早就都是富翁了。」初次接觸這些原則的我當年二十歲，正是不懂事的年紀。

在安德魯・卡內基那個時代的人們，似乎也抱持與我相同的態度。卡內基心地善良，希望那些在貧困中苦苦掙扎的人都能成為富翁，因此將自己體悟的致富之道向世界公開，但是人們卻嘲笑這個方法，不願相信他，除了少數的二十餘人。

主要是卡內基親友的這些人，並沒有忽視卡內基的原則。他們發自內心地接受這些原則，或者說，他們不得不發自內心地接受這些原則。因為他們就在卡內基的身旁，親眼見證卡內基天天實踐這些原則，最後成為世界首富的過程。他們追隨卡內基的原則，過不了多久，所有人都躋身億萬富翁。

{ 思考
致富

安德魯‧卡內基的字典裡沒有放棄，他決定以客觀的方式說服眾人。他請來名為拿破崙‧希爾（Napoleon Hill）的報社記者，向他提出以下的要求。

「請你針對美國白手起家的代表人物，研究他們共同實踐的成功法則。不論花多久時間，耗費多少金錢都無所謂。」

拿破崙‧希爾接受這個提議，並且著手開始調查。這位努力不懈的報紙記者，竟調查美國白手起家的成功者長達二十餘年，並將調查結果公諸於世。其中對於致富之道，拿破崙‧希爾下了這樣的結論。

「思考是一項物體，人類的思考會帶來財富。」[21]

透過拿破崙‧希爾的研究獲得客觀驗證的安德魯‧卡內基致富之道，一經發表，隨即如野火般延燒全美各地，創造了不計其數的億萬富翁。

直至今日，這項成功理論在全美各地仍由卡內基的信徒持續學習當中，甚至被大學列為正式課程。

對於尚未了解成功學的韓國人來說，拿破崙‧希爾的言論令人摸不著頭緒，甚至聽起來有些虛無飄渺。但是美國人不同，他們藉由豐富且客觀的證據檢驗拿破崙‧希爾的成功

學。由於可親眼證實其真實性，因此獲得接納的速度相當快，實踐的速度同樣驚人，所以他們能夠快速致富。即使是目前，全世界仍有百分之九十以上的財富集中在美國，這個現象的另一面，正隱藏著拿破崙‧希爾的致富之道。

再補充一個案例分享。由安德魯‧卡內基公開、拿破崙‧希爾傳播的安德魯‧卡內基「實現願望的六項原則」，經過某人的巧妙運用後，使自己實現夢想，成為名副其實的億萬富翁。

這個人的職業是飛機機師。別以為他是大韓航空機師或戰鬥機駕駛員，他只是一位收集骨董飛機、沒沒無聞的窮機師。不，他甚至沒有當太久的機師，之後便輾轉無數個社會底層的工作。

他的夢想是作家，而且還是世界級的作家。但是沒有任何一家出版社願意接受他的作品，他必須在社區的印刷廠自費出版作品，接著辛苦奔波好幾家書店親自陳列自己的作品，但卻沒有任何人購買。

某天，他得知安德魯‧卡內基的「實現願望的六項原則」。

而他最大的夢想不是成為富翁，是成為世界級的作家，因此他在白紙上如此寫道：「希望有朝一日我的作品可以得

到全世界的認同！」隨後將白紙貼在牆壁上，早晚大聲朗讀，並且生動地想像自己成為世界級作家的模樣。

如此經過一年、三年、五年、八年。就在第九年的某一天，他的作品如野火般悄悄在加州沿岸的嬉皮間延燒開來。嬉皮客彷彿毒品上癮般，深深著迷於他的作品。最後，他的作品感動了全美國的嬉皮，躍升為紐約時報的暢銷書，並將版權販售至世界二十餘國，晉升世界級暢銷作家。他的名字是李察‧巴哈（Richard Bach），書名是《天地一沙鷗（Jonathan Livingston Seagull）》。[22]

{ 傾聽六位 財富導師

平凡的富翁舉出投資股票或房地產等有形方式作為致富之道；程度稍高的富翁建議「累積足以致富的知識」；程度更高的富翁則說：「了解人心，不違背回饋社會的道理。」

那麼，世界首富們怎麼說？他們當然認同前述三種致富之道，不過還有一個更重要的方法，那就是在內心深處，極盡完美地想像自己成為世界首富的模樣。

讓我們聽聽人類歷史上數一數二的大富豪、現今世界首富、世界排名第二的富豪、亞洲首富、日本首富、日本納稅

金額最高的個人納稅人，他們共同的看法吧。

洛克斐勒（石油大亨，投資者，慈善家）

洛克斐勒（John Davison Rockefeller）與卡內基同屬人類歷史上數一數二的大富豪，但是他事業的起頭，卻比卡內基更為悲慘。洛克斐勒的第一份工作是個人公司的經理，月薪甚至比一日工獲得的酬勞還不如。然而不久之後，他就成為掌管多個事業體的老闆，並且累積大筆財富。

根據撰寫洛克斐勒傳記的作家們紀錄，年輕時領取最低工資、生活沒有任何保障的洛克斐勒，有一個相當怪異的習慣。雖然他每天看起來像個醉漢，不過並非真的喝酒所致，而是沉醉於自己編織的想像當中，所以才會有如此怪異的舉止。他的想像是什麼？據說是金錢如流水般不斷流進自己戶頭的想像。[23]

比爾．蓋茲（微軟創辦人兼董事長）

比爾．蓋茲是世界首富（以二〇〇七年為標準）。眾所周知，他透過電腦產業累積可觀的財富，那麼他的電腦產業

又是如何能夠支配世界的呢？關於這個問題，過去十年來比爾·蓋茲不斷提出類似以下的回答。

「我從十歲起，就已經想像全世界家家戶戶都配備一台電腦，並立志一定要讓這個夢想實現。這就是一切的開始。」

華倫·巴菲特（投資家、企業家，有股神之稱）

華倫·巴菲特是世界排名第二的富豪（以二○○七年為標準）。當他首度投入股票市場時，他的資金不過一百美元。但是三年後，他已進帳百萬美元，十年後賺得千萬美元，三十年後達到十四億美元，直至今日，他已擁有數百億美元的資產。他穩坐世界首富的位置，直到比爾·蓋茲支配全球電腦市場為止。在一次與雜誌的訪談中，華倫·巴菲特如此陳述他成為世界首富的祕訣。

「從我幼年時期開始，成為世界首富的模樣已經在我心中根深柢固。我從未懷疑自己即將成為大富豪的事實。」

李嘉誠（長江集團董事局主席，香港、大中華區首富）

李嘉誠在父親因肺炎辭世後，放棄了中學的學業，進入

茶房擔任倒茶水的服務生，開始了他的職場生活。然而今日的他，早已躋身亞洲首富。他掌控香港四分之一的上市企業，並握有全球四百六十多家企業，其中甚至包含巴拿馬運河與釜山貨櫃碼頭，近年也在加拿大溫哥華建造全新的都市。有一回記者問他：「您是如何從茶房的服務生，搖身一變成為亞洲首富呢？」李嘉誠如此回答。

「我無時無刻不想像自己已成為頂尖富豪。若說有什麼祕訣的話，大概就是這個吧。」[24]

此外補充說明一點，據說至今李嘉誠在就寢前，依然會生動地想像隔天自己有條不紊地處理業務的模樣。[25]

孫正義（軟體銀行創辦人，二○○一年為日本富豪第二名）

孫正義是日本首富。儘管今日的他擁有東方比爾‧蓋茲的美譽，然而在事業草創時期，他卻過著艱難困苦的生活。由於沒錢雇用正式員工，他帶著兩名工讀生成立了辦公室，而其中一人擔心領不到薪水，工作不到一個月便辭職走人。

「在十九歲那年，我明確地設定了自己的夢想：二十歲要在我的領域中闖出名號，三十歲要賺進現金一千億日圓，四十歲要在社會上分出勝負……。」

以上是孫正義在自己的著作與訪談報導中多次闡述的成功祕訣。他認為光是生動地夢想稍嫌不足，因此有如粉刷建築物般加以「設計」夢想。這段話對於缺乏勇氣做夢的我們來說，猶如一大挑戰。

齋藤一人（日本鉅富，連續12年名列日本十大納稅人排行榜）

齋藤一人的第一份工作，是擔任大卡車駕駛的助手。雖說是助手，實際上是搬運貨物的工作。然而就個人經營商來說，他可是當今日本首富。光是從一九九三年至二〇〇一年繳納的稅金，就高達一千三百八十一億九千一百萬韓圜。令人驚訝的是，他主張「光憑努力無法致富」。

「想成為富翁，就得持之以恆地想像財富。」

這是他提出的其中一項建議。根據他的說法，只要想像財富，財富自然從天而降。

從常理來看，這當然是不可能的事，所以多數人將他的話當成耳邊風。但是約有十餘人相信他的話，並且付諸實行。這些人如今住在日本，他們的故事多次出現在書籍與大眾媒體上，不斷被介紹著。[26]

守護健康的夢想公式

chapter
2

真正的醫師在你心中。
—希波克拉底（Hippocrates）

{ 守護健康的
{ 兩大核心關鍵　世界上有兩種人，你是哪一種人？

① 每天清晨從容起床的人、每天洗冷水澡的人、每天努力運動一小時以上的人、飲食均衡的人、全盤接受有益身體的食物並適當攝取的人、定期至醫院接受醫師診察與聽取建議的人。

② 被鬧鐘聲響吵醒的人、冷水澡連想都不敢想的人、心想要運動，卻又不付諸行動的人、不願嘗試有益身體食物的人、身體嚴重不適才前往醫院的人。

如果你屬於前者，就是健康的人；如果你屬於後者，就是不健康的人，這是人盡皆知的常識。然而常識並不等於事實，真實的健康情況正如同這世間所有的真相，似乎總與常識背道而馳。例如過著如前者般生活的人，並非全都健康無恙、長命百歲；相反地，過著如後者般生活的人，卻可能健康地度過一生。當然，相反的情況也可能成立。

　　事實是這樣的，負責人類健康的，其實是在運動、飲食、醫師等物質條件之上的其他條件。這在醫學界的研究中，也同樣獲得證實。讓我們看看無數案例中，最具代表性的三個。

　　① 艾倫・埃多勒（Ellen L. Idler）博士十二年來針對三千多名吸菸者，進行吸菸對健康的影響調查。研究結果令人驚訝。吸菸可能對某些人有致命性的影響，然而對某些人卻沒有太大的影響。連帶死亡率也出現極大差異，前者的死亡率是後者的七倍以上。簡而言之，對人類健康產生不良影響的，是在吸菸之外的某些因素。

　　② 史丹佛大學醫學系肯尼斯・佩爾提埃（Kenneth R. Pelletier）教授，以健康程度良好的實驗者為對象，調查其健康的祕訣。起初他以為健康的條件在於金錢、飲食習慣、運動等物質因素，然而調查結果竟與他的想法大相逕庭，物質

條件並沒有對健康造成多大的影響。一九九四年，肯尼斯·佩爾提埃教授將影響健康的決定性因素向全世界公開。

③ 密西根大學心理學研究所詹姆斯·豪斯（James House）所長，十幾年來以三千多名居住於密西根州的成人為對象，調查其健康狀態。調查結果顯示，從事特定行為的人，其患病死亡的機率比沒有那樣做的人足足低了二點五倍。這個特定行為，是屬於非物質性的。

這麼說來，埃多勒博士的「某些因素」與佩爾提埃教授的「決定性關鍵」，以及豪斯所長的「特定行為」，究竟所指為何？答案就是 VD 與愛。

埃多勒博士表示：

「在吸菸的同時，心中想著自己將因吸菸而變得不健康的人，健康狀況將因此走下坡，較早死亡；而心中想著吸菸對健康沒有任何影響的人，並沒有受到太大的影響。」

佩爾提埃教授表示：

「健康的決定性關鍵在於情感，尤其是發自內心熱愛人類、奉獻人類的真心。」

豪斯所長表示：

「所謂特定行為，就是愛與付出。越是積極付出愛的

人，活得越久。」

簡而言之，如果心中沒有愛，又缺乏想像自己身體健康的能力，不管怎麼嚴格挑選與攝取食物、按部就班地運動、接受最高規格的醫療行為，這一切的努力都可能化為烏有。相反地，即使沒有花費太多心力在維持健康上，只要內心不被對疾病的想像擊敗，愛他人猶如愛自己，就能比任何人活得健康。想像力與愛，堪稱守護健康的兩大實質關鍵。

{ 想像力對身體
{ 有直接的影響

美國沃斯堡（Fort Worth）癌症研究中心的卡爾‧西蒙頓（Carl Simonton）博士曾說：「如果某個團體中的成員們一致認為，罹患癌症的人終將難逃死亡，因而開始有意識或無意識地集體想像癌症患者死亡的過程，則該團體內的癌症患者死亡率將急遽升高。因此，若想治療癌症，就必須先去除團體內成員對癌症的負面想像。」

德克薩斯大學的研究結果，同樣提出想像力對疾病產生影響的有趣觀點。研究團隊針對美國、英國、希臘、羅馬尼亞等世界各國精神病患，進行大規模的調查。結果發現，帶有嚴重精神疾病患者，幾乎沒有罹患癌症、白血病等致命疾

病。研究團隊將此歸因於想像力。

正常人容易隨時透過大眾媒體接收與疾病相關的資訊，不知不覺中不斷將疾病放在心上，自然容易罹患癌症等疾病，然而精神病患就連這類疾病的存在也毫無概念，因此不論是在有意識或無意識之中，都無法想像疾病，最後便不容易罹患致命疾病。

想像力對人體的影響甚深。不論是在有意識或無意識之中，只要持續想著疾病，就容易患得疾病；只要持續想著健康，身體就能更加健康。一旦擔心疾病的想法出現時，身體自然產生壓力，如此一來，體內將自動分泌壓力荷爾蒙破壞免疫系統；相反地，持續想著健康，體內將分泌出守護健康的神經胜肽（Neuropeptide）強化免疫系統。透過 PET 正子電腦斷層造影或 FMRI 功能性磁振造影，即可以肉眼觀察此一現象。

不僅如此，當人們合掌想像有益健康的腦波 α 波時，腦中將產生真正的 α 波。心跳數、血壓、體溫、胃酸酸度等，也可以藉由想像力調整。例如想像心臟快速跳動，實際心跳數將隨之增加；想像體溫降低，實際體溫將隨之降低。這已經由紐約洛克斐勒大學（Rockefeller University）研究團隊實驗證實。

就連免疫細胞白血球指數，也能透過想像力調整。

現在試著在網路搜尋欄輸入白血球或 T 淋巴球，並點選圖片搜尋。接下來眼睛盯著圖片，同時在腦海中生動地想像白血球與 T 淋巴球吧。這麼一來，在你體內的白血球與 T 淋巴球將快速增加。德克薩斯大學已透過實驗證實這項事實。補充一點，白血球與 T 淋巴球又稱為我們體內的醫師，具有分解體內癌細胞與病毒等各種有害細胞與病毒的功能。

{ 想要健康，不妨
{ 生動地想像「愛」

話雖如此，然而持之以恆地想像 α 波或白血球並不容易。再怎麼有益健康，這樣的想像確實有些不自然，況且只著重這一方面，便容易遺忘另一個守護健康的關鍵——「愛」。或者應該這麼說，愛並非另一個守護健康的關鍵，它自始至終與健康同在，愛即是健康。

如果我們實際實踐愛，即使沒有費力地想像 α 波與白血球，即使沒有辛苦地運動，即使沒有麻煩地挑選飲食，也充分可以過著健康的生活。

想要擁有真正的健康，心中就必須生動地想像愛。其實也不必非得在心中想像對他人無私地付出、奉獻，只要在心中隨時想著「愛」這個單字，就已足夠。如此一來，大腦邊緣系統（Limbic System）就會分泌安撫身心，同時促進消化、

淨化血液的神經傳導物質，經過腦血管壁流向全身，提高免疫力的各種荷爾蒙也將大量分泌出來。我們不妨聽聽以下這些人怎麼說。

「愛與感恩的心，將使我們體內生產大量的白血球與腦內啡。」

－李相究博士（癌症專科醫師）

「心中經常想著快樂的事，且真心關愛他人者，將永無病痛。」

－大衛‧索貝爾（David S. Sobel，加州聖荷西凱薩醫院預防醫學科主任）

「只要心中常存愛與喜悅、感恩，便能促進腦內啡的分泌，而腦內啡將進一步降低壓力荷爾蒙，最後大幅強化免疫力。」

－羅馬琳達大學醫學院研究團隊、史丹佛大學醫學院研究團隊

「對任何事情抱持正面態度，對任何事情心存感恩，並且熱愛眾人者，將可預防任何疾病。」

－春山茂雄（日本田園都市厚生醫院院長）

「愛能守護身心健康，預防一切疾病。」

－安德魯‧威爾（Andrew Well，亞利桑那大學醫學院社會醫學系主任）

「光憑對愛的想像，就足以保護身體免於壓力或病菌的入侵，免疫力與治癒力將有顯著的提升。」

－哈佛大學、約翰霍普金斯大學醫學院研究團隊

「擁有無限愛與感恩之心的人，疾病絕對不會找上身。」

－哈蒙（Harmon R Holcomb，美國心理學家）

　　愛是無條件、不顧一切付出的。即使你在心中寫下「愛」這個字，並且輕視它、批判它，愛也會提高你的免疫力，守護你的健康。最具代表性的，便是德蕾莎修女的例子。

　　德蕾莎修女是徹底實踐耶穌之愛的人物，經實驗證實，在觀賞與她相關的電影或書籍時，免疫球蛋白將大量增加。簡而言之，就是免疫力提高，身體變得更健康的意思。然而令人驚訝的是，在接觸與德蕾莎修女相關的紀錄時，無意識地認為「反正與我無關」，或是批判「這個人虛情假意」的人，免疫球蛋白同樣會增加。這就是所謂真正愛的力量。

　　然而真正愛的力量，也有無法發揮其影響力的時候，那就是當你的心中被憤怒與怨恨占據時。然而這並非因為愛不具有融化憤怒與怨恨的力量。

真正的原因，是當你內心充滿負面情緒時，你的愛已完全被阻隔，在你的心中，已經沒有愛能夠容身的地方了。因此，在生動地想像愛之前，必須先生動地想像憤怒與怨恨已經得到平息。

即便內科、神經外科、預防醫學科、精神科、癌症、替代療法等領域已位於世界最高水準，卻仍致力於患者心靈也必須一起治療的真正醫師們，他們所教導的 VD 法摘要如下。

① 到安靜的地方，閉上雙眼。

② 在心中搭建一座想像的舞臺。

③ 招待使你受傷、使你憤怒、使你怨恨的人到舞臺上。

④ 對他們宣洩某種情緒前，請先冷靜思考。想想你可能也在不知不覺中傷害了某人，或是使某人勃然大怒、憤恨難平。並且承認這個事實：「沒有任何人是完美的，我是如此，他人亦是如此。」

⑤ 在想像的舞臺上招待你自己。

⑥ 與一位傷害你的人握手，告訴他：「我原諒你，我希望你過得更好。」若能來個溫暖的擁抱，那就再好不過了。

⑦ 握過手後，給對方一個燦爛的笑容。這時別只停留在想像中，實際上也要真的笑出來。

若能持續實踐上述的 VD 步驟，過不了多久，心中的憤怒與怨恨將如春雪般緩緩消融。我也親自嘗試過此 VD 法，效果斐然。埋藏在我內心深處對某人的疙瘩，果真逐漸消失，最後甚至能夠與他來個真情擁抱。實際情況又是如何？我敢保證，起初雖然會有些尷尬，不過最後將可鼓起勇氣走向那個人，告訴他「我原諒你，祝福你前程似錦」，並與他握手言和。換個角度來說，如果不能這樣，反而是讓自己永遠痛苦。

　　透過融化憤怒與怨恨的 VD，將內心徹底清空後，才能邀請愛的到訪。試著每天生動地想像愛三次，一次在早晨起床後，一次在結束一天的工作後，一次在就寢前。

　　方法相當簡單。深深吸一口氣，一邊想像將充滿世間的「愛」與空氣一起吸入，直到肺部飽脹。接著緩緩吐氣，一邊想像這個「愛」均勻擴散至全身。如果覺得困難，不妨反覆回想獲得他人關愛時的記憶，或是回想生命中歡樂幸福的時刻。如果還是辦不到，不妨就在心中寫下「愛」這個字吧。光是每天實踐這個簡單的 VD，你就能活得更健康。

內心即是良醫

> 所有患者體內，都有一位名為「自然治癒力」的醫師。
> 賦予患者體內自體醫師表現的機會，
> 是身為醫師必須處理的第一要務。
> —史懷哲

{ 治療疾病
的 VD　試想以下狀況：你是一名心臟病專科醫師，某天為一位患者看診。診斷結果，該名患者罹患狹心症，症情嚴重到藥物治療也無濟於事，如果置之不理，也許會在無預警的情況下因心臟麻痺而猝死。你遵照在醫學院學過的治療程序，建議患者接受心臟手術。此時，患者竟說出令你摸不著頭緒的話：「請您一定要使用 VD 治療我的病。當然也要調整飲食，並搭配運動一起進行。」

一頭霧水的你接著發問。

「您究竟想做什麼 VD 呢？如果現在不立刻手術，事情

會變成怎樣都不知道……」

患者回答。

「我會生動地想像愛與和平，也會生動地想像我體內生鏽阻塞的心臟血管，重回二十多歲時那樣充滿活力。」

即使不是醫師，任誰聽到這番話，想必都會覺得十分荒謬吧。甚至納悶這是哪裡跑來的瘋子！連藥物都無法治療的重大疾病，透過冥想就能治癒？還說什麼生動地想像？

生動地想像就能如何如何云云？令人不禁懷疑這個人是否已深陷某種邪門宗教，抑或是精神狀況出了問題？

其實現在寫著這篇文章的我，心中的想法也是相同的。坦白說，這種人肯定是精神狀態異常的人。聽到這番話，任何人腦海中浮現的第一個想法都是「攸關性命的事情，還在大談什麼 VD 啊？」而非「沒錯，VD 可以治癒你的病，非常好！」

然而狄恩·歐寧胥（Dean Ornish）博士似乎不這麼認為。他不但用上述方法治療心臟病，也用於治療癌症、肥胖、腦中風、糖尿病、高血壓、結石等疾病。

特別是心臟病患者，一旦冠狀動脈阻塞，大多施以手術治療，然而六個月後通常會再度復發，那時得再動刀一次。但是接受狄恩·歐寧胥博士治療的心臟病患者，據說幾乎沒

有再度復發的案例。順帶一提，狄恩・歐寧胥博士是柯林頓前總統的醫療顧問。

身兼腫瘤學家與放射線專科醫師的卡爾・西蒙頓（Carl Simonton），他所實施的療法比狄恩・歐寧胥博士領先一步。他對一百五十九位癌症末期患者實施放射治療，同時要求患者每天生動地想像以下八個畫面。

① 想像癌細胞是食物。

② 想像體內吞噬癌細胞的 NK 細胞（Nature Killer Cell，自然殺手細胞）是一隻胃口大開的鱷魚。

③ 想像 NK 細胞大口吞噬癌細胞的模樣。

④ 想像惡性腫瘤逐漸縮小，最後完全消失的景象。

⑤ 想像醫師告知癌細胞完全消失的那一刻。

⑥ 想像聽到醫師的好消息，開心到快要飛起來的畫面。

⑦ 想像返家告訴家人身體已經痊癒的消息，看見家人拍手歡呼的模樣。

⑧ 想像帶著全新的希望再度回到職場上的景象。

結果如何？極度投入於上述八個畫面的想像之中，幾乎分不清現實與想像的百分之二十二點二的患者，其癌細胞完

全消失得無影無蹤；受不了醫師的央求，最後勉強跟著想像的患者，比單純接受放射治療的癌症末期患者多出兩倍的存活時間。即使如此，這些患者的病情仍有相當顯著的好轉。

{ 守護健康的 VD 案例

R=VD 也能應用於疾病的治療嗎？「如果 R=VD 公式真能帶來改變，應該也能治療疾病吧？」帶著這種想法的筆者，開始著手搜集相關資料，因而接觸到狄恩．歐寧胥與卡爾．西蒙頓的 VD 療法，對此療法大為驚奇。然而心中卻又產生許多疑問，直到找出更多的案例後，心中的疑惑才一一解除。時至今日，筆者仍持續慎重地實踐守護健康的 VD。這段故事將在接下來的內容中一一說明，並為讀者介紹更多的案例。

美國內科醫師狄帕克．喬布拉（Deepak Chopra）要求肺癌患者每天數次呼喊「我痊癒了」、「我的病完全好了」，同時生動地想像疾病痊癒的情景。根據喬布拉所言，由衷相信並實踐這個方法的患者，疾病確實痊癒了。

麻州大學醫學院皮膚系將皮膚病患者分為兩組，進行以下治療實驗。A 組實施普遍熟知的標準療法——放射治療；B 組同時實施放射治療與想像治療。B 組患者每天不斷想像

放射線將病菌熔解殆盡，同時幫助新的細胞健康成長。結果如下：A組十人當中，只有兩人病情好轉；B組十三人當中，十人因全心投入想像治療而快速痊癒，沒有全心投入想像治療的三人，治療效果不如預期。

加州大學舊金山分校醫學院的馬丁・羅斯曼（Martin Rossman）教授，從一九七二年起開始傳授患者 VD 療法，數千名患者不是因此完全康復，就是病情有顯著的改善。

舊金山綜合醫院以四百位心臟病重症患者為研究對象，進行以下的實驗：在 A 組兩百名患者不知情的情況下，安排許多人為他們祈禱。這些祈禱者一面強烈地想像上帝為患者治病的畫面，一面祈禱 A 組患者康復；B 組則沒有安排任何祈禱者。六個月後出現以下結果：B 組的抗生素投藥量比 A 組足足高出五倍；B 組罹患肺炎併發症的機率也比 A 組高出三倍。

哈佛大學醫院以五十四位不孕症患者為研究對象，要求連續十週生動地想像自己懷孕的模樣。結果百分之三十四全心投入此一過程的患者，在六個月內便成功受孕。

紐約紀念史隆─凱特琳癌症研究中心發表研究結果，指出「多數癌症患者在發病六到八個月前，曾遭受極大的心理創傷，潛意識中持續產生對死亡的渴望，結果便罹患了癌

症。」

美國杜克大學醫院與英國布里斯托癌症協助中心，目前也正聘用想像治療專科醫師。

上述案例不過是冰山一角。今日，VD 療法被包裝在替代治療、冥想治療、想像治療、圖像治療、神經語言治療、幻想治療等各式各樣的專有名詞下，出現在世界各國數以萬計的患者面前。在美國，有八十多所大學正以 VD 療法作為正式課程，美國國家健康研究院亦設立替代醫學辦公室（譯註：該機構已於一九九八年升格為國立輔助暨替代醫療中心），從事專業的替代醫學研究，同時運用於患者的治療之上。

{ VD 療法的
優點　在韓國，心臟治療學系與護理學系等科系皆開設 VD 療法課程，中醫學界則積極將 VD 療法應用於患者的治療。然而在西醫學界中，除了少數的醫療機構外，一般多抱持不信任的態度。如果你對醫師提出 VD 療法，恐怕會被當成是怪人。

那麼，西醫學界為什麼否定 VD 療法呢？那是由於西醫

學的基礎與 VD 療法的基礎截然不同。西醫學立基於只相信肉眼所見的古典牛頓物理學之上，眾所皆知，古典牛頓物理學將世間萬物視為機器，就連人類的身體也被視為機器。故障的部位只要取出、拋棄，再安裝其他零件即可。

相反地，VD 療法立基於探索無形世界的現代量子物理學之上，眾所皆知，現代量子物理學將世間萬物視為能量。

從量子物理學的角度來看，人體是能量的聚合體，當能量的運轉失衡，就是疾病找上門的時候。維持能量運轉的平衡，是治療疾病不可或缺的關鍵。也就是說，VD 療法是不可或缺的療法。

在企業管理學、經濟學、電機電子、電腦、生物學、化學、心理學等帶動現代社會發展的各專業領域中，早已認同牛頓古典物理學無法再進一步解釋世界與人類的事實。這些專業學科正快速傾向現代量子物理學，也就是從以學理為基礎轉變為以本質為基礎。

然而令人惋惜的是，西醫學界依然堅守牛頓古典物理學的思考方式。原因何在？或許是醫師除了施以物質性的治療，也得同時施以精神上的治療，與患者齊心同力對抗疾病，由此產生的負擔所致吧？

讓我們稍做整理。在人類疾病的治療上，VD 具有相當顯著的效果。當你身體出現問題時，沒有什麼比同時接受醫師治療與 VD 治療更快恢復健康的辦法了。

　　VD 療法的優點，在於具有相當顯著的心理效果。只要人們在心中想像自己已經痊癒的模樣，就能獲得心理上極大的安慰，心情變得輕鬆自在。這種心理狀態將大幅改善病情的道理，已經是普遍的常識。

　　進行 VD 療法不費一分一毫，也不必有特別的作為，只須在心中靜靜地想像即可。在這世界上，還有什麼方法比得上 VD 療法呢！如果你是病患，或者你的身旁有病患，建議務必同時接受醫院治療與 VD 治療。如此必有好事降臨，令人歡欣鼓舞的好事……。

　　關於 VD 療法，網路上已公開許多相關資料。試著在搜尋欄輸入「想像治療」、「冥想治療」、「替代醫學」、「圖像療法」，即可獲得許多相關資料。

與眾不同的行為創造
與眾不同的結果

{ 天才們的 VD
{ 與眾不同

日本福井一成博士以其發明的頭腦革新計畫，將一般人的學習能力提升至天才程度，因而獲得極高的知名度。福井一成博士從任職東京大學醫學院附屬醫院時，就對頭腦與學習能力的相關性抱持高度興趣，並持續投入相關研究，在這方面出版了多本著作，然而令人意外的是，他所提出的學習能力提升祕訣其實相當簡單。[27]

「抱持正面的態度，生動地想像學習與考試吧。如此一來，學習能力將奇蹟般地大幅提高。」這就是唯一的祕訣。

人生是一連串的考試。從小學一年級開始的考試，將一路伴隨我們進入職場。當然，進入職場之後，又將出現另一

種型態的考試。面對一連串的考試直到撒手人寰，也許就是人類的宿命吧。即使我們必須直接面對的考試終將結束，但是從子女進入小學那一刻起，又將再度出現必須間接面對的考試。

多數人承受著考試的壓力，擔心考試日期將近，同時期待考試盡快結束。然而在這個地球上，卻有一群人不曾感受到考試的壓力。他們享受考試，相信考試是證明自我能力的方法，並將考試視為獲得他人認同的機會。他們是排名全國前百分之一的學生們、優秀畢業生、以第一名成績進入公司的新進員工們、在各種升遷考核中脫穎而出的人們。

為了寫作本書，筆者曾深入調查一千五百位這一類型的人物，其中包含一千多位學生、五百多位公司員工。藉由入學考試與高考合格筆記、大眾媒體上的訪談、書籍等管道發掘的這一千五百人，其學習祕訣的共通點，就在於「樂在學習」。更具體來說，是「努力使自己享受看似毫無樂趣的學習，如此一來，學習將變得更加有趣，成績也將一飛沖天。」我也透過書籍與演講、報紙與廣播等管道，將此學習祕訣傳播至全世界。

然而就在某天，我心中忽然出現一個疑問。

「究竟他們是如何持續努力維持這股樂在學習的力

量？」

為了尋求解答，我不斷翻閱關於他們的資料，最後得到的答案是：他們的 VD 與眾不同。

就以筆者本身經驗來說，學生時代面對學習與考試，心中抱持的都是負面 VD。我總是討厭學習，害怕考試。說到考試，腦海中浮現的畫面淨是父母不悅的表情、老師那張令人厭惡的嘴臉、方程式後進度完全停擺的數學公式、令人寒毛直豎的成績單等。那些畫面不知困擾我有多深，以致於畢業至今十餘年後的今天，我還能生動地回想那令人備感壓力的畫面。

但是先前提到的一千五百多個案例，他們的 VD 卻與眾不同。說到「學習」、「考試」，他們腦海中浮現的畫面是父母或另一半的歡笑、老師或上司信賴的眼光、只要拿在手上，就能按照進度學習的書本、令人雀躍不已的考試結果通知單等。

也許有人會問，因為他們天生學習能力強，能做到那樣的 VD 不是理所當然的事嗎？但事實並非如此。在一千五百人當中，天生學習能力優異的人有一千一百多人，其餘四百多人的程度在一般水準之下。換句話說，一千一百多人一開始便實踐正面 VD，因此自然而然體會出樂在學習的方法；

其餘四百多人則嘗試實踐正面 VD，最後體會出樂在學習的方法。

即使是平凡人，也能心想事成。

{ **VD 影響荷爾蒙的分泌** 荷爾蒙 β 腦內啡（β—Endorphin）具有刺激分布於海馬與前額葉之 A10 神經（又稱快感神經）的功能。當頭腦正面思考時，β 腦內啡被分泌出來，刺激海馬，增強記憶力；刺激前額葉，激發學習慾望。

簡而言之，只要將那些被稱為資優生或天才的人，視為腦中 β 腦內啡分泌旺盛的人即可。其實，當諾貝爾獎得獎人或世界級學者埋頭於研究時，他們腦中的 β 腦內啡正如耀眼的光線般大量發散而出。也因此，β 腦內啡又被稱為「天才荷爾蒙」。

荷爾蒙正腎上腺素與 β 腦內啡的功能完全相反。當頭腦負面思考時，正腎上腺素被分泌出來，抑止腦中 β 腦內啡的分泌，使分布於海馬與前額葉的 A10 神經變得遲鈍。

腦中正腎上腺素分泌旺盛的人，特徵是沒有學習欲望、無法樂在學習、上課無法理解課程內容、對考試沒有信心等。順帶一提，正腎上腺素是足以媲美眼鏡蛇毒液的毒性物質，

經常在酒精中毒者或毒品中毒者的腦中被發現。

腦科學家與腦生理學家發現，任何人腦中都具有圖像記憶體。所謂圖像記憶體，是指將映入眼簾的事物如數位相機般紀錄於腦海中，隨時讀取使用的能力。

但是，為什麼一般人無法使用圖像記憶體呢？為什麼只有像數學天才或物理學天才等人，才擁有使用的能力呢？腦科學家與腦生理學家過去曾深入探討這個問題，最後終於發現關鍵所在：一般人與天才不同，腦內經常出現輕微的故障，而這些故障正是限制圖像記憶體之使用的關鍵。

多數人渴望擅長讀書，在各項考試中獲得優異的成績，然而在現實生活中，卻經常做出毫無意義的舉動，總是為課業惶惶終日，擔心無法通過考試。無法用盡全力想像自己喜歡讀書，所以樂在其中、興高采烈的模樣，卻恣意想像自己受盡學業的折磨，痛苦萬分的模樣；沒有勇氣想像自己排行全校第一、全國第一、社內第一的模樣，卻輕率地想像自己得到普通成績、考試搞砸的模樣。在這些人的潛意識中，正時時刻刻實踐著破壞自我夢想的 VD。

因此在一般人的頭腦中，日復一日刺激媲美眼鏡蛇毒液的毒性物質分泌。一旦正腎上腺素的分泌增加，將使海馬與前額葉的活動變得遲緩，最後造成專注力與記憶力降低，使

負面 VD 化為現實。反應到現實情況,則是學習能力不佳、考試結果不理想。

正腎上腺素對圖像記憶體具有致命性的傷害。各位讀者是否曾經在上完課後,腦袋依舊茫然毫無頭緒?再怎麼努力讀書,每次總是忘記重要的內容?讀過一次還覺得不夠,必須重新整理在筆記本上,並且在空白紙上反覆書寫,才能勉強記在腦中?

如果你有這些困擾,代表圖像記憶體的使用正受到極大的限制,而你的負面 VD 將對這些結果造成什麼樣的影響?也許你就是在不知不覺中,將自己打造成學習能力平凡無奇,甚至一塌糊塗的人。

{ 改變 VD,
{ 頭腦將隨之改變

如果希望讀書可以得心應手,希望在各種考試中獲得令人跌破眼鏡的成績,首要之務便是改變 VD。成績在中段班或後段班都不是問題,只要反覆想像自己頭腦茅塞頓開、考試輕輕鬆鬆過關的模樣,頭腦就能逐漸改變。原本正腎上腺素旺盛的頭腦將充滿 β 腦內啡,腦中也將產生強烈的 α 波。

愛因斯坦博士潛心研究時出現的腦波、棋士對弈時出現

的腦波、心算能力勝過電腦的人心算時出現的腦波、開啟凡人腦中沉睡之圖像記憶體電源的腦波，正是 α 波。

如果你是學生，請善用空閒時間，竭盡全力生動地想像以下的畫面。

① 上課時間聽完老師的解說後，便能立刻理解熟記的模樣。

② 教科書或參考書只要讀過一遍，便能將內容記得一清二楚的模樣。

③ 想像每次校內考試的成績直線飆升，這條線最後通向全校第一名的模樣。

④ 父母或老師以激動的眼光看著你的成長，為你歡呼、鼓掌的模樣；無數學生渴望學習你的讀書祕訣，一舉一動都在模仿你的模樣；你的讀書祕訣一時成為社會關注的焦點，被大眾媒體報導出來，甚至出版書籍的模樣。

如果你是考生，請每天利用固定的時間生動地想像以下的畫面。越是書讀不好的時候，越需要傾全力想像。

① 考試題目只出現你已經讀過的內容的畫面。

② 接到你夢寐以求的學校或公司來電「恭喜通過」的模樣。此時一邊想像對方的通知，一邊呼喊：「老天爺，感謝祢真的讓我通過了！」

③ 所有人前來祝賀你順利通過的畫面。父母、老師、朋友們祝賀「恭喜你通過！」或是「我就知道你會通過！」的模樣。

④ 為慶祝順利通過而招待朋友們一頓的畫面。在熱鬧喧騰的氣氛中，雖然捨不得請客的費用，內心卻是充滿喜悅與感謝的模樣。

如果你正準備升遷考核，只要將「通過」替換成「升遷」即可。用盡所有力量，每天發自內心想像的畫面，最終必定會實現。與你現在的情況如何毫不相干，最重要的是每天誠懇、生動地想像你所渴望的模樣。

考試將近，卻還沒開始讀書；模擬考的成績一落千丈；一想到未來，淚水與嘆息便停不下來，越是如此，越需要生動地想像自己順利通過的模樣。

當你打算跳槽而提出申請，卻因為目前任職的公司而無暇準備考試，內心感到痛苦沮喪的時候，你更需要清晰地想像自己在下一個公司工作的模樣。真真實實地想像，直到淚

水幾乎要奪眶而出一般；發自內心地想像，直到胸口幾乎要撕裂一般。

我們必須竭盡全力瘋狂地想像，直到誤以為現在的自己已經通過考試成為大學生、順利進入職場或者轉換跑道、在公司成功升遷，而當下不過是暫時夢到過去準備考試時的生活罷了。當然也得付出所有的努力，使這個想像化為真實。

當你每天過著這樣的生活，奇蹟才會走入你的生命中。你的夢想終將實現，你的想像必然成真。

{ 裴鐘秀教授與
{ 南相海會長的考試 VD　編寫美國小學教科書的
世界知名數學教育家——首爾教育大學裴鐘秀教授，以及創立全球最大中國餐廳「賀琳覺」的南相海會長，就是在極其嚴峻的條件下戮力實踐 VD，最後在看似不可能的考試中脫穎而出的代表性人物。

二十八歲那年，裴鐘秀教授為了實現成為教授的夢想，毅然辭去六年多的工作，重拾書本學習。第一道關卡是通過數學檢定考試，取得中等學校數學教師資格證。然而問題是，考試題目就連四年制大學數學系畢業生也難以應付，全國合格者頂多只有一名。

年輕的裴鐘秀先是思考自身所處的現實情況，這麼一來，腦海中浮現的全是「不可能」的想法。第一，他出身文科，從未學過微積分；第二，考試準備時間只有六個月，換句話說，他必須在短短六個月內，自學高中自然組到大學的所有課程。

儘管如此，還是得硬著頭皮挑戰。然而現實是殘酷的，別說解題，就連題目也看不懂。陷入絕望深淵的他，開始抱怨起數學家，甚至謾罵攻訐，最後無可奈何地將臉埋在書中痛哭失聲。年輕的裴鐘秀就這樣度過了四個月。

後來他下定決心，不願放棄成為教授的夢想，於是開始努力實踐正面的考試 VD。已經通過考試的模樣與成為教授的畫面縈繞在他的腦中。他由衷地、真切地、誠懇地、生動地想像再想像自己渴望的畫面。

當我採訪裴鐘秀教授時，他如此形容當時的心境：「賭上一生的說法並不恰當，我是拚了老命實踐 VD 的。」

當時裴鐘秀所實踐的正面 VD，使他腦中充滿 β 腦內啡與 α 波。β 腦內啡與 α 波喚醒沉睡於人類腦中的優秀學習能力，修正腦中限制圖像記憶體之使用的輕微故障。裴鐘秀的頭腦開始實踐正面的考試 VD 後，短短一個月便轉變為天才型頭腦。而在僅剩的一個月內，他發揮超人般的能力，準

備考試到無懈可擊的境界，最後取得夢寐以求的中學教師資格證。

讓我們聽聽裴鐘秀教授的說法，以下摘自《拯救生命的數學》（臺灣無譯本）。

「為了挽救意志消沉的自己，我全心全意地想像一個正向光明的模樣，那是經過漫長歲月後即將退休的我——裴鐘秀教授的模樣。想像落葉滾動的校園、白髮蒼蒼的老教授裴鐘秀、講台下認真聽課的學生們……。也許是這些努力沒有白費吧，大約在考試前一個月，我開始看見希望的曙光。在考試前二十天，竟出現令人難以置信的急速成長，一眼就能理解眼前看見的任何一道題目。好比緊閉許久的雙眼忽然睜開，數學題開始清晰地映入眼簾。那年十二月，我終於收到合格通知單。」

如今，裴鐘秀教授正一步步遵循二十八歲時「拚老命」想像的 VD 築夢踏實。

即將面對技能檢定的人們，無不引頸期盼傾聽「賀琳覺」南相海會長的 VD 故事。年輕時的南相海收到國際觀光公社選拔廚師學徒的消息時，還是一位炸醬麵外送員。南相

海選擇的中餐部門將遴選五位學徒，卻吸引超過三百位的申請者，這些申請者各個都是扎扎實實學過中國料理的強勁對手。

相反地，南相海不曾正式學過料理，再加上考試時間所剩不多，為了維持生計，他還得繼續外送炸醬麵的工作。不但沒有時間學習料理，現實條件也不允許，從常理上來看，南相海只有放棄夢想一途。然而幸虧他沒有放棄夢想，而是選擇使用 R=VD 公式，使自己的夢想化為現實。

年輕的南相海在心中打造一間想像的廚房，開始生動地想像練習料理的過程。據說他當時投入 VD 想像之深，就連加入想像料理中的調味料顆粒數量，也都拿捏得相當精準。甚至是自己完美結束料理考試的畫面、考官對自己的料理讚嘆不絕的表情、順利進入前五名的模樣等，都不停在心中生動地想像。

與眾不同的行為，必然創造與眾不同的結果。成績發表當天，未曾真正進行料理實作、光憑 VD 練習的南相海，打敗全心全意投入料理實作、不曾嘗試 VD 練習的兩百九十五位強勁對手，光榮贏得勝利。

即使成為國際觀光公社的實習生，他依然持續精進料理能力與 VD 演練，最後以第一名的成績畢業。實習生活不到

一年的他，被擢升為華克山莊（Walker Hill）的行政主廚，其他沒有實踐 VD，或是不如南相海般發自內心實踐 VD 的四位同事，則是成為受南相海管理的副主廚或大廚。

對於受現實條件所迫而放棄夢想，一生庸庸碌碌的平凡人，南相海會長如此說道。

「我了解已經無可奈何、再怎麼努力也不見情況改善的一線希望時，內心充滿的那種挫折；我明白無法迴避、無處躲藏時，內心升起的那股絕望。然而越是如此，越需要與現實正面交鋒。擁抱希望吧！希望將為你帶來力量與勇氣，使你足以戰勝令人絕望的現實。我在擔任炸醬麵外送員那段時間，每天一早在心中建造想像的『瓦房』。在那間瓦房內，我是比當時工作的中國餐館規模更大的大型餐廳老闆。危機就是轉機，站在懸崖邊上的人，必然是最強的。」[28]

只要勇於做夢，就能擄獲對方的心

{ 他們擁有
祕訣　不管到哪裡，總會看到這種人：有些女人貌不驚人，身旁卻是一位條件好得令人瞪大雙眼的男人；有些男人一無所長，卻能與沉魚落雁般的美人交往。

　　渴望與充滿魅力的異性交往而忙得焦頭爛額，最後總落得被對方拒絕的人，就像被這些幸運兒狠狠踩在腳下般。這些人普遍的特徵，就是沒有付出太多努力，只是靜靜地待在原地，就有令人心跳加速的異性走來，向他／她們告白。

　　部分研究人員發現，這些人擁有某種不為人知的祕訣。美國知名專欄作家馬克・邁爾斯（Marc Myers）與英國赫特福德郡大學心理學系教授李察・韋斯曼（Richard Wiseman）

博士，便是其中的代表。

而身兼英國皇家科學院特聘講師的李察・韋斯曼博士，其研究更值得關注。他以數百名經常被異性拒於千里之外的「倒楣鬼」與數百名情況完全相反的人為對象，進行長達十餘年的深度研究。結果發現，幸運組擁有不幸組所不具備的某種心理「習慣」。

韋斯曼博士針對不幸組的成員開設幸運講座，傳授他們幸運組成員擁有的心理「習慣」。結果令人相當意外，經常被異性拒於千里之外的人，竟開始獲得異性熱烈的追求。

順帶一提，李察・韋斯曼博士主持之「幸」與「不幸」的相關實驗，曾在 BBC 科學節目中播出，在《自然》、《科學人》、《心理學期刊》等世界知名科學雜誌與〈時代〉、〈衛報〉、〈每日電訊報〉等世界知名新聞媒體上，也曾有大篇幅的報導。

兩位專家發現的「祕訣」，與本書探討的主題如出一轍。之所以稱為「祕訣」，是因為當事人在有意或無意中，生動地想像令人怦然心動、完美得讓人不敢逼視的理想對象瞬間為自己所吸引，開始對自己展開猛烈的追求，並且因自己而感到無比幸福的畫面，最後這個想像竟真實發生。

若將馬克・邁爾斯的說法應用於「愛情」，我們可以這

麼說：

「幸運是由你所創造的。渴望遇見夢寐以求的對象，並且與他／她戀愛、結婚的話，不妨每天利用時間在心中播放一部電影吧。在這部電影中，每一幕都是你已經得到理想對象的畫面。」

馬克・邁爾斯在《幸運絕非少數人的專利：開啟幸運之門的七把鑰匙》（百巨文化，2001）一書中說道：

「以此方式生動地想像自己的模樣，看來或許有些愚蠢。但是若能如此生動地想像，最後你將擁有夢寐以求的東西。」

李察・韋斯曼博士在《幸運的配方：人不是生而幸運，人創造幸運》（大塊文化，2008）一書中說道：

「讓我們聽聽二十五歲加州女生安潔雅的故事。她說：『在愛情方面，我的運氣特別好。從初嘗戀愛滋味的十五歲開始，便一直是如此。就外表來說，我只是尚可接受的程度，怎敢與高不可攀的男人交往。我也沒有特別的祕訣，只是坐下來聊天後，不論是多麼英俊瀟灑的帥哥，還是赫赫有名的男人，全都深受我的吸引。』

安潔雅的戀愛祕訣不在於美若天仙的外貌或萬貫家財，

而是期待幸運的心理。安潔雅及其他參與我研究的幸運兒中，多數人表示自己在心中進行想像幸運的練習。

你也試試看吧。在安靜的房間內擺好一張椅子，坐定位後閉上雙眼，深呼吸數次，再開始生動地想像你夢寐以求的對象。

幸運者不必付出太多努力，也能輕鬆達成一生的夢想與願望；相反地，不幸者即使再怎麼努力，也無法得到渴望的東西。這兩種人之中，存在著什麼樣的差異？根據我的研究結果，不幸者經常想像晦暗的未來，認為憑藉自己的力量不足以成事，然而幸運者的想法截然不同，他們想像充滿希望的未來，想像心儀的戀人正等待著自己。

幸運者實現夢想並非偶然，不幸者亦非命中注定得不到渴望的東西。他們對自己未來的想像，決定了他們真正的未來。」

{ **婚姻 VD 的技巧** 馬克‧邁爾斯或李察‧韋斯曼等人，大力宣傳 R=VD 公式對異性交往與結婚的影響力，更有不少名人親身實踐這個公式，因而獲得更響亮的名聲。以《心靈雞湯》（柏雅出版，2009）系列而聲名大噪的馬克‧韓森與傑克‧坎菲

爾、世界知名行為轉變心理學家安東尼‧羅賓、二十五年來研究人類思考對實際生活產生之影響,並且教授相關內容長達二十年的約翰‧基歐(John Kehoe)等人,便是其中的代表人物。他們利用 R=VD 公式,在實際生活中邂逅夢寐以求的對象,最後甚至步入禮堂。

他們每小時收取少則數百萬韓圜、多則數千萬韓圜的演講費,向觀眾傳授異性交往與婚姻 VD,其詳細內容如下。

① 如果還沒有心儀的對象,不妨先擬定未來渴望交往或結婚之對象的性格、外貌、職業、財產、宗教等條件。具體擬定這些條件相當重要,因為目前只是尚未遇見真命天子╱天命真女,他們實際上還是存在於世界上某個角落的。

② 如果你有心儀的對象,請先擬定一個巧遇的機緣,讓你得以與他╱她交往並且結為連理。舉例來說,想像每天在上班途中碰面,卻從未打過招呼的人,正好就是你相親的對象。在相親結束後,收到對方保持聯絡的邀約。

③ 將第一項與第二項的內容書寫在漂亮的紙上。

④ 每天利用時間大聲朗讀寫下的文字。

⑤ 大聲朗讀後,坐下來或平躺,閉上雙眼,以最輕鬆舒適的心情想像。想像寫下的文字將會全部實現……。

⑥ 無法閉上雙眼想像的人，不妨製作一本 VD 相簿。將雜誌或報紙上理想型人物剪下來，整理成冊；將渴望得到他／她送的禮物的照片剪下來，整理成冊；將希望與他／她一同旅行的地點的照片剪下來，整理成冊；將希望與他／她舉行婚禮的婚宴會場照片、蜜月旅行地點的照片、共同生活的房屋照片等剪下來，整理成冊。當然，不一定非得按照這個順序，只要按照各人喜好自由編排即可。完成相簿後，每天利用時間瀏覽相簿，一邊生動地想像。想像有朝一日邂逅理想對象，兩人墜入愛河，並與對方一起完成相簿中早已規畫好的一切……。

⑦ 相信你的 VD 一定會成真，千萬不可有任何一絲懷疑的想法。不管週遭的人說什麼，不管內在消極的自己說了什麼，都不須理會。只要堅定信心，相信自己。

{ 格雷娜・莎爾斯伯瑞 的 VD

到目前為止，你是否曾遇過令你怦然心動的真命天子／真命天女？是否曾經與那樣的異性交往過？是否曾經收到理想對象殷勤的真愛告白？如果不曾有那樣的經驗，你覺得原因是什麼？現在該是檢討 VD 的時候了。

一直以來，你是否都是消極等待命中注定的邂逅而不主

動出擊？抱著希望電影或小說中才會出現的那種邂逅，也能發生在我身上的心態？若真是如此，你的 VD 只能稱得上是徒有空想的 VD。

根據 R=VD 公式，你心中的夢想將化為真實。亦即徒有空想的 VD，終將淪為徒有空想的現實。簡而言之，到目前為止都不曾真正遇見真命天子／真命天女，只是空想有朝一日成為命運般邂逅中的男女主角，結果便是創造出現在的你。正是因為你在潛意識中實踐那樣的 VD，才會導致那樣的下場，這個結果怪不了別人。

「其他朋友都能與不錯的異性交往，為什麼唯獨我身邊總是充滿著不合我意的異性？」或是「究竟要到什麼時候，我才能遇見百分百心儀的對象？」嘴上經常這樣抱怨、忿恨、疑惑、哀嘆的人，結果也是一樣的。這些人，就是在潛意識中實踐抱怨、忿恨、疑惑、哀嘆 VD 的人。如此一來，悲慘的現實必然會真實發生在自己身上。

格雷娜‧莎爾斯伯瑞（Glenna Salsbury）就曾屬於上述類型。過去的她，徘徊在徒有空想的 VD 與負面 VD 之間，正確來說，當時的她處於不得不如此的處境之中。

她是扶養三名女兒的單親媽媽，為了催繳的貸款通知書忙得昏天黑地。愛情或婚姻都是奢侈，對她而言，生存才是

唯一最重要的事情。

儘管她深切明白自己需要一位愛她的男人，卻也明瞭世上任何一個男人都不會對自己有興趣。因此，她只能徘徊在徒有空想的 VD 與負面 VD 之間。

然而就在某一天，格雷娜‧莎爾斯伯瑞偶然出席了一場研討會，並參加該研討會的演講。演講者針對 R=VD 公式與上述的七階段 VD，做了詳盡的說明。聽完演講回家的路上，格雷娜下定決心嘗試七階段 VD。她心想：反正不會有任何損失，試試也無妨。

隔天一早，她在一張漂亮的紙上寫下關於理想情人的具體事項，並且開始翻找雜誌，將照片剪下蒐集在一起。格雷娜整理好的照片如下：

① 長相帥氣的男人。
② 穿著純白婚紗的新娘與男仕禮服的新郎。
③ 漂亮的捧花。
④ 鑽戒。
⑤ 耀眼湛藍的加勒比海上的小島。
⑥ 溫馨的住宅。
⑦ 高級傢俱。

⑧ 一位躋身大公司副社長的女人。

格雷娜·莎爾斯伯瑞將這些照片整理在高級相簿中，每天利用時間深情款款地凝視這些照片，並且用盡全身的力量，想像照片中的畫面一一實現的模樣。

經過兩年多後，格雷娜·莎爾斯伯瑞收到男人的求婚。這個男人外表相當英俊，不管走到哪裡，總能吸引眾人的目光，他喜歡送花給女友，興趣是蒐集鑽石。

兩人穿上與格雷娜·莎爾斯伯瑞相簿中幾乎一模一樣的婚紗與男仕禮服步入禮堂，並前往加勒比海上的聖約翰島度蜜月。此時格雷娜仍保守夢想相簿的所有祕密，未曾向丈夫吐露隻字片語。她擔心丈夫無法接受，於是在舉辦婚禮屆滿週年後，才向丈夫公開實情。

格雷娜的丈夫吉姆（Jim Salsbury）日後成為美國東部規模最大的傢俱批發商；他們遷入的住宅，正好是照片中那棟房屋，家中處處擺著高級傢俱。而格雷娜也在自己任職的公司獲得升遷，成為人事部長兼公司副社長。

雖然這個案例令人難以置信，不過格雷娜·莎爾斯伯瑞的確是真人真事。**29** 她的故事在電視與廣播等大眾媒體中被報導出來，聲名遠播至美國等世界各國。

{ 格雷娜‧莎爾斯伯瑞 教我們的一課

格雷娜‧莎爾斯伯瑞獲悉 R=VD 公式後，並沒有置之不理，而是將 R=VD 公式應用於自己的一生，並且盡自己最大的力量努力實踐。

各位認為她實現 VD 花了多久的時間？是前面提到的兩年嗎？錯。兩年是她與吉姆交往的時間。她的 VD 從開始到實現，只花了八個星期的時間。那還是發生在高速公路上！格雷娜‧莎爾斯伯瑞當時搖下車窗，開車奔馳在加州的高速公路上，從她身旁呼嘯而過的駕駛看了她一眼，立刻一見鍾情，跟在格雷娜後方追了足足有十五英哩。這個男人的名字當然是吉姆。發自內心實踐的 VD，其效果竟是如此迅速與精準。

請試著比較格雷娜‧莎爾斯伯瑞與你自己。

你是離婚男性還是離婚女性？是否有必須扶養的子女？如果有，那是一個人，還是三個人？你的財務狀況如何？是否被還清日遙遙無期的債務壓得喘不過氣？

也許你根本沒有離過婚，也沒有子女，更非信用破產者。從客觀條件來看，各位應該都能遇見勝過格雷娜‧莎爾斯伯瑞數倍以上的真愛。但是現實情況並非如此，你甚至沒有機會遇見魂牽夢縈的對象，然而格雷娜‧莎爾斯伯瑞早已

與夢寐以求的對象結婚，過著幸福的生活。她實踐了 R=VD 公式，而你沒有。

如果你衷心期盼邂逅夢寐以求的那個人，並且與他／她結為連理，從現在起，就必須實踐 R=VD 公式。雖然屢次說明，不過還是要再次強調：你的心態，將決定真正的你。這個心態，指的就是你在有意、無意間產生的 VD。如果從現在起，開始在心中生動地想像你渴望追求的對象，相信過不了多久，你就能遇見那樣的對象。不妨從現在起，開始在心中生動地想像命中注定的邂逅吧。

你一定能遇見夢寐以求的對象。

高深莫測的 VD 力量

{ 吸引顧客的
魔力 以下有兩組人，請看清楚了。

第一組是以下三人。

① 進入公司才三個星期，就被上司斥責：「像你這種不懂顧客想法的人，我還是第一次看到。你馬上離開！」的男人。

② 走訪所有認識的親朋好友，拜託他們購買公司產品，結果被所有人拒絕，垂頭喪氣的男人。

③ 別說與顧客一起用餐，就連致電顧客也心生畏懼的女人。業績當然也是最後一名的女人。

第二組是以下三人。

① 二十七歲靠著保險銷售獎金成為百萬富翁，目前掌管全球多國超過六十家企業的男人。

② 汽車年平均銷售量超過千台，晉身世界頂尖推銷員，十二年來保持這項金氏世界紀錄的男人。

③ 二十九歲就在大英百科全書全球一百四十二家分公司中，創下銷售量排名第二的紀錄，被稱為日本銷售女神的女人。

這兩組存在著兩個共通點。

第一，這兩組其實是分別相同的三人。換句話說，第二組是第一組未來的樣子。

第二，第一組實踐 R=VD 公式的結果，造就他們成為第二組那樣的人物。

他們是保險銷售之神保羅‧麥爾（Paul J. Meyer）、頂尖汽車推銷員喬‧吉拉德（Joe Girard）、日本頂尖銷售女神和田裕美。證明 R=VD 公式在開發顧客上發揮關鍵功能的人，不只有上述三位。

創立拉姆西斯國際研討會（Ramses International Seminars）協會並擔任總裁的伊布拉欣‧埃爾菲基（Ibrahim

Elfiky），二十多年來負責《財星》雜誌世界五百大企業的行銷教育，還被外界稱為「銷售專家」。自從親身實踐 R=VD 公式後，從飯店洗碗工搖身一變成為超豪華飯店 CEO 的伊布拉欣‧埃爾菲基，在銷售、市場行銷、心理學等專業領域取得二十多個學位，同時也在這三個領域獲頒該領域最高的殊榮。

換句話說，他與其他除了銷售技巧外一無所長的多數銷售之神不同，是以學術研究為基礎實踐其銷售理論。簡而言之，我們可以說他所擁有的顧客開發技巧，能夠像學校教育課程那樣全面普及。[30]

曾任哥倫比亞大學心理學教授，現任史丹佛大學心理學教授的卡蘿‧德威克博士（Carol S. Dweck），在社會心理學與發展心理學方面擁有相當崇高的地位。她主張思維模式對成功具有決定性的影響，而此一結論，是她苦心孤詣研究二十多年所得到的結果。我們只要將思維模式視為創造 VD 的心理機制即可。卡蘿‧德威克博士的思維模式成功論，在主流學界發表的研究結果中頗具價值。[31]

若說伊布拉欣‧埃爾菲基是非主流學者的話，卡蘿‧德威克就是主流派學者。非主流學派與主流學派通常帶著不認同對方的態度，換句話說，當某個議題受到兩大學派認同時，

表示該議題在學術與理論上的正確性必是無庸置疑的。主流派學者卡蘿‧德威克與非主流派學者伊布拉欣‧埃爾菲基，莫不對以下事實表示認同。

「在這個世界上，確實有人擁有像磁鐵般吸引顧客的魔力，他們正是實踐 R=VD 公式的一群人；相反地，在這個世界上也有一群不幸的人，他們甚至連自行上門的客戶也抓不住。如果這些人實踐 R=VD 公式，也能同樣具備這股魔法般的力量。」

從保羅‧麥爾、喬‧吉拉德、和田裕美、伊布拉欣‧埃爾菲基、卡蘿‧德威克身上，我們可以得到以下啟示。

① 如果你是主管，每天與員工一同實踐 R=VD 公式吧。顧客將如潮水般滔滔不絕地湧來。

② 如果你自己開店做生意，每天獨自實踐 R=VD 公式吧。過不了多久，你將被如洪水般湧來的顧客淹沒。

{ 想像顧客如潮水般
湧來的畫面　別為了迎合顧客的喜好，勉強擠出不帶感情的微笑，或是說些阿諛奉承的話，也不必因顧客而顯得戰戰兢兢或忙得焦頭爛額。因為這種心態，將使你有朝一

日因顧客而忙得焦頭爛額或變得戰戰兢兢。

顧客不會被你虛偽的笑容或話語欺騙。在開門營業前，何不先利用時間生動地想像？在你心中想像對顧客綻放溫暖人心的感恩與關愛之情，或是發自內心親切地招呼顧客的模樣。只要持續生動地想像，你就能真正愛上顧客。這種態度將感動顧客，更別說讓這個顧客成為永遠的老主顧了。

如果有時間煩惱與擔憂銷售業績，不妨把這個時間用來進行正面的 VD。在這個世界上，不知有多少創造驚人奇蹟的老闆與商店啊！也就是那些像電視明星一樣擁有大批死忠支持者、每天開開心心做生意的老闆，以及擁有大量老主顧的商店。所以要相信自己，沒有人能阻止你成為那樣的老闆或那種商店的主人。

人生的道理非常簡單，只要你勇於想像，就能心想事成。多些富有創造性、有建設性的想像吧！忘掉擔憂與煩惱，找回希望與信心吧！如此一來，因銷售業績而樂不可支的時刻，必然降臨在你身上。

遭顧客拒絕而內心沮喪、挫折的經驗，是再痛苦不過的事了。靜下心來反省自己吧。在拜訪顧客之前，是否有竭盡全力實踐 R=VD 公式？沒有的話，被顧客拒絕是理所當然的事。

實踐 R=VD 公式吧。每天一早起床，立刻閉上雙眼想像自己銷售成功的模樣；生動地想像自己提供感動顧客內心的商品與服務；反覆想像顧客成為你的摯友、成為忠實老主顧的模樣；想像顧客因你感到幸福，甚至找到生命意義與價值的畫面吧。

上班途中生動地想像；利用工作的空檔生動地想像；閒暇時立刻生動地想像成功；下班途中生動地想像成功；睡前也利用時間真誠生動地想像吧。當你心中填滿成功的畫面時，現實生活才會被成功的畫面填滿。

{ 保羅‧麥爾的 VD 課程

保羅‧麥爾將 R=VD 設計為訓練開發顧客能力的教育課程，並將這個課程推廣至全世界。他的教育課程以十餘年來的研究與驗證為基礎所開發，目前已被翻譯為十六種語言，提供全球八十多個國家使用。該課程在短時間內幫助許多經商失敗的人成為頂尖銷售之神，因而聲名大噪。

在保羅‧麥爾已是百萬富翁的那段時期，每當有人前來詢問他的成功祕訣時，保羅‧麥爾總會帶他們到賓士代理車廠參觀。他要求他們像是車主一樣站在賓士車旁，並為他們

拍照。照片沖洗出來後，保羅‧麥爾信心滿滿地說。

「照片中這個人是真正的你。每天看著這張照片，生動地想像自己將大獲成功，成為這台賓士車車主的模樣吧。這麼一來，你的想像將會實現。」[32]

真心誠意遵照保羅‧麥爾指示的人們，據說最後都達成目標。保羅‧麥爾的成功祕訣並非首創，這是美國社會中赫赫有名的成功人士們，為了追求自身的成功以及幫助他人獲得成功，所普遍使用的成功技巧之一。其實早在保羅‧麥爾成功祕訣出現的數十年前，美國成功金融家克勞德‧布里斯托（Claude M. Bristol）等人便已開始使用類似的技巧，將人們訓練成銷售之神。

保羅‧麥爾日後從百萬富翁晉身千萬富翁，接著更成為億萬富翁，那時想探聽他成功祕訣的人不斷湧來，一時門庭若市。就算是為了自己也好，總之保羅‧麥爾非得開發教育課程不可了。應該這麼說，保羅‧麥爾發現自己向人們傳授 R=VD 公式時，內心總會油然生起一股難以言喻的喜悅。因此他放棄美國頂尖銷售員的頭銜，投身 R=VD 教育事業，並成立世界知名的「潛能開發」公司——LMI（Leadership Management International，美國領導管理發展中心），他所開發的課程，即是 EPL Effective Personal Leadership 訓練課程。

「我投入這項事業，並不是為了賺錢，而是希望喚醒人們潛在的無限可能。」保羅‧麥爾的這番言論可性度相當高。為什麼？因為他早已是億萬富翁，沒必要以教育人們為業累積更多的財富，同時也因為他每年捐出的捐款，足足超過五十億韓圜。也就是說，他所推廣的 R=VD 教育課程，具有一定程度的保障。 **33**

保羅‧麥爾的教育課程目前已被引進韓國。根據我的了解，這套課程主要針對企業最高經營者、大企業主管、軍方將領、高階公務員為對象所開設。報名費也是一筆可觀的費用，高達數百萬韓圜。當然，如果經濟情況許可，或者對拓展人脈的興趣高於接受教育，或者意志薄弱，怎麼也無法獨自一人實踐 R=VD 公式，那麼支付高額的聽講費用參加這類教育課程也無妨。但是若非如此，只要實踐本書講述的內容，相信就已足夠。

{ 招徠顧客的 VD 技巧

從無法引起顧客的一點興趣，更不曾得到顧客青睞的情況，躍升為忠實顧客絡繹不絕，宛如夢境一般的光景，這些人的共通點，就在於實踐以下的 VD。儘管實踐 VD 的時間、地點、次數不盡相同，但是每天利用起床後

躺在床上十到三十分鐘的時間，以及就寢前十到三十分鐘的
時間實踐 VD，是他們的共通點。

① 想像自己以真誠的笑容，精神抖擻且充滿自信地迎
接顧客的模樣。

② 想像即使有不懷好意的顧客上門，最後也能收服顧
客的心的模樣。

③ 想像自己提供顧客一眼就會愛上的優良產品與優質
服務的模樣。

④ 想像顧客成為老主顧，並且向親友推薦的模樣。想
像顧客以等比級數快速增加的畫面。

⑤ 想像年終時收到不計其數的顧客發自內心的感謝話
語，自己也真心向他們表達感謝之意的畫面。

此外，這些人也按照各階段的重點實踐 R=VD 公式。

在草創期，想像自己成功賣出一個產品的模樣、讓一位
顧客成為常客的模樣。達成目標後，再想像賣出兩個產品、
增加兩位忠實顧客的模樣，以此類推提高數量。此階段可稱
為初級 VD 階段。

在銷售漸漸步上軌道，常客逐漸增加的時期，專注想像

在口耳相傳下前來的顧客大幅增加的模樣。想像來電訂購的客服電話接到手軟，電話線幾乎要燒起來的情景，或是顧客在店門前大排長龍等待上門的畫面。此階段可稱為中級 VD 階段。

在這個必須從成功的銷售員躍升為頂尖銷售之神的時期，專注想像所有人看了都搖頭，被認為無法親近、惡名昭彰的人，竟然只對自己敞開心房、與自己攀談、購買自家產品，最後超越單純買賣的關係，成為忠實顧客的畫面。並且想像其他銷售員認同自己是字典裡沒有不可能的銷售之神，對自己推崇備至的模樣。此階段可稱為高級 VD 階段。

如果你是主管，不妨生動地想像員工全身上下散發著魔力，將所有接觸過的人轉變為忠實顧客的模樣。若能持續生動地想像，你將能成為打動顧客內心的真正領導者。心中想像著那樣畫面的主管，豈會對員工恣意妄為？發自內心對員工抱持尊敬的態度，員工也會對顧客抱持尊敬的態度，最後打動顧客的心。

請容我再囉嗦幾句，不管發生什麼事，都別斥責員工、對員工大發脾氣，那樣只會為你和員工帶來負面 VD。VD 終將成為 R 現實。俗話說雪上加霜，最後情況只會演變成更嚴厲地斥責員工、對員工發更大的脾氣。

別把銷售業績這類東西貼在牆上。若以此方式壓迫員工、折磨員工，這股壓力將原原本本發洩在顧客身上，最後只會讓業績更難看。取而代之的是，喚醒員工無限的可能，並且百分百相信員工。

每天一早執行業務前，牽著員工的手實踐 R=VD 公式吧。生動地想像員工將所有接觸過的人變成忠實顧客，之後訂單源源不絕，眾人發出幸福的讚嘆的畫面。每天晚上結束業務前，再進行一次相同的 VD。

越是集體實踐 R=VD 公式，達成目標的速度越快，效果越明顯。越是努力實踐 R=VD 公式，越能爬到更高的位置。

如果你自己開店做生意，不妨想像你全身正散發強勁的魔力，將所有見過面的人變成自己的忠實顧客。只要花點時間想像，你的臉上就會發出光芒。內心流露出的自信，必能改變週遭的人。

顧客一接觸到這樣的你，心中將立刻出現「這個人值得信賴」的想法，他們希望超越僅止於買賣雙方的關係，進一步成為你的朋友，並且將你推薦給親友。這是因為內心流露出的自信，擁有吸引人們的魅力。

如此令人驚奇的經驗，不能只維持短短一兩天。每天至

少安排兩次以上的時間實踐 R=VD 公式吧。令你驚喜連連的
片刻,將不斷來到你的生命之中。

實踐
R=VD 公式

揚名國際的洛基青木，有著看照片生動想像的習慣。

達到世界頂尖水準的韓國射箭代表隊，

與尼克勞斯、阿諾・帕瑪、老虎伍茲等人，

也都有利用影片生動地想像的習慣。

各位讀者有什麼樣的 VD 習慣？

如果還沒有，未來打算養成什麼樣的 VD 習慣？

不管你選擇了什麼，請務必記住一點：

唯有生動地想像，才能獲得你夢寐以求的東西。

「喀擦」，拍張照吧

chapter 1

{ NASA 的
照片 VD　NASA 首度計劃將人類送上月球時，曾聘請世界級 R=VD 公式教育專家丹尼斯‧魏特利（Denis Waitley）博士參與計畫。包含太空人候選人在內，所有登陸月球計畫的相關人員都必須接受教育。這項教育課程持續進行至登陸月球的太空船平安返航，才宣告結束。

當時 NASA 製作一張巨大無比的月亮照片，張貼在所有與阿波羅計畫相關的場所，這是為了滿足 R=VD 公式的必要條件「V（生動地）」。結果如何？將人類送上月球的計畫，比預定時間提早了兩年。[34]

R=VD 公式要求生動地夢想，然而「生動地」夢想並不

容易。

閉上雙眼，試著在心中想像一隻手機的模樣吧。縱使是一天看上好幾眼、放在耳邊聽上好幾回、手指觸碰好幾次的東西，要在心中生動地想像，還真不是件容易的事。

這次試著上網搜尋手機的照片吧。一邊看著照片，一邊想像手機，想必能更清晰地想像手機的模樣。

看著照片想像的人，其生動想像的能力比沒有這麼做的人高出數倍。換句話說，利用照片生動地想像的人，其達成目標的速度將高出一般人數倍。先前提到的 NASA 就是頗具代表性的案例。因為利用照片生動地想像，頂尖科學家與數學家們才能比預定時間早兩年達成目標。

{ 洛基青木的
  照片 VD

賓士車
澳美客牛排館
私人飛機
一百間麥當勞連鎖店

你可以擁有上述四種東西，只要你能生動地想像！但是也許你還沒擁有這四種東西，因為目前的你還不懂得如何生動地想像。

那麼，如果你能利用照片生動地想像，並且為渴望實現的夢想努力付出，結果將會如何？也許你會成為像洛基青木（Rocky Aoki，原名青木廣彰）那樣成功的人物。

距今約五十年前，日本一位沒沒無聞的職業摔跤選手洛基青木前往美國，為的是出席美日親善摔跤比賽。當然，他只是陪襯的角色。

比賽結束後，洛基青木決定留在美國發展。與四處瀰漫著戰敗氛圍的日本不同，美國處處充滿了成功的氣息。洛基青木從何得知 R=VD 公式，又是如何學到利用照片生動地想像，這點我們不得而知。也許就像現在的各位一樣，是透過書本才接觸到的。

或許是洛基青木對成功的渴望超乎想像，又或許是他身上帶著一股傻勁，一般人聽見「利用照片生動地想像」，大多認為「也許那樣也行吧」，並不會有太多關注，然而洛基青木卻是發自內心相信這個公式，並且全心全意地實踐著……

洛基青木的第一個願望是擁有一輛勞斯萊斯，因為在那

個年代，擁有勞斯萊斯被認為是成功的象徵。

　　當時他手中握有的全部財產，只有區區四百美元，這點錢連租勞斯萊斯一天的費用都不夠。但是他義無反顧地前往勞斯萊斯經銷處，拍了幾張勞斯萊斯的照片。有勞斯萊斯前、後、左、右的照片，有坐在駕駛座上握住方向盤駕駛的照片，也有像車主一樣站在勞斯萊斯旁開懷大笑的照片。至於洛基青木如何說服店長讓他拍下這些照片，沒有任何人知道。

　　洛基青木的第二個願望是擁有一間屬於自己的店，第三個願望是擁有一架私人飛機，第四個願望是在全球各主要城市開設一百間連鎖店。

　　別說是第一個願望，第二、第三、第四個願望，都是遙不可及的夢想。從現實面來看，這些東西洛基青木想都別想，然而他卻選擇了擁抱夢想，而且是生動地夢想！就像在勞斯萊斯經銷處所做的那樣，洛基青木同樣前往美國知名全球連鎖店與私人飛機展示處，拍下一張張的照片，接著進行以下的嘗試。

　　① 每天在固定的時間拿出照片來看，並實踐 R=VD 公式。

② 隨身攜帶照片，不管到任何地方。

③ 一有空就立刻拿出照片生動地想像。

④ 為實現 VD 付出所有努力。

結果如何？紅花鐵板燒一九六四年成立於美國的鐵板燒餐廳，目前在全球各大城市擁有一百多家分店大受好評，連帶使他擁有一輛勞斯萊斯，並且成為空中飛人，搭著私人飛機來回世界各地。[35]

為什麼你沒辦法像洛基青木那麼成功？現在試著比較五十多年前的洛基青木和現在的你吧。洛基青木在一句英文也不會的情況下獨自留在美國，並且離開過去從事的職業摔跤界。這個情況好比一位不懂韓文、在韓國舉目無親的泰國拳擊手，立志要在韓國闖出一番事業。換句話說，就算你所處的情況再怎麼惡劣，也好過五十多年前的洛基青木。筆者這句話想強調的是，如果你從現在開始實踐 R=VD 公式技巧之一的「照片 VD 技巧」，你所達到的成就將勝過洛基青木。

{ 望月俊孝的照片成功法則

望月俊孝先生是在日本指導人們如何利用照片生動地想像的專家，他所傳授的成功原理相當簡單。

① 準備一張照片，上面是你所渴望的東西。

② 一邊看著照片，一邊感覺自己像是已經獲得這個東西。下定決心一定要擁有它。每天重複相同的動作。

③ 總有一天，你將可獲得照片上的東西。

這就是照片成功法則。

舉例來說，開車途中發現一棟簡直就是自己夢寐以求的房屋時，立刻站在房屋旁拍下照片，感覺自己像是已經擁有這棟房屋一樣，並且下定決心一定要擁有這棟房屋。隨身攜帶這張照片，一有空便拿出來看，這麼一來，你就能真正擁有這棟房屋。望月俊孝甚至主張：當你真誠地實踐「照片成功法則」時，有時不需要任何努力，你就能獲得想要的東西。在照片中的房屋或汽車等，也可能出乎意料地得到他人免費贈送。

望月俊孝的一生，可以說就是「照片成功法則」的明證，因此可信度無庸置疑。在實踐照片成功法則前，他負債累累，面臨被裁員的命運，又沒有女人緣。但是實踐照片成功法則僅僅三年，他的年收入便超出一億兩千萬韓圜，不僅擁有一間附設會議室的豪宅，更成為日本家喻戶曉的名人。最後他邂逅了一名夢寐以求的女子，兩人幸福步入禮堂。

望月俊孝巡迴日本各地傳授照片成功法則，據說至今從未有人努力實踐這個法則，最後卻導致失敗的案例。

{ 照片
VD 技巧 「照片 VD 技巧」是為了滿足 R=VD 公式中的 vivid 生動地。內容如下：

① 準備一張照片，上面是你渴望擁有的東西，夢寐以求的對象也可以。不一定非得拍照不可，從雜誌上剪下來的照片也無妨。

② 隨身攜帶照片。將照片貼在書桌、冰箱門上，或是放在手札內隨身攜帶，是最基本的要求。也要將這張照片設定為手機螢幕與電腦桌面圖示。

③ 一邊看著照片，一邊想像自己已經獲得的感覺。不只是視覺，最好發揮全身各種感官去感受，能用言語表現出來更好。假設你想要擁有一張十億韓圜面額的支票，不妨準備一張十億韓圜面額的支票照片，一邊看著照片，一邊說：「我還以為十億韓圜多麼嚇人哩，原來只要一張紙就能裝進來啦。總而言之，支票的味道聞起來真不賴，這種柔韌的觸感正合我意。」

④ 能夠做到上述的要求，就能比預期更快達成目標。

希望比這個方法更快得到渴望的東西，不妨一邊看著照片，一邊問自己：

「我該怎麼做才能得到這個東西？」

這個問題將刺激你腦內掌管學習、自我控制、潛能開發等功能的 RAS，使你為了得到渴望的東西而發揮全身的力量，讓你不錯過任何可以達成目標的機會。

舉例來說，如果你的願望是成為最高經營者，務必準備二十多張最高經營者的照片，以自己的照片為中心，周圍擺上其他二十多張的照片。每天看著照片牆，一邊問自己：

「現在的我該怎麼做，未來才能與這些人並駕齊驅？」

這麼一來，你的態度將逐漸改變。最後的結果是，比起單純使用照片 VD 技巧的人，你的夢想將能更快實踐。

{ 影片
　VD 技巧 「影片 VD 技巧」比「照片 VD 技巧」更能發揮強大的效果。

眾所皆知，韓國射箭代表隊以達到世界頂尖水準為豪，尤其在女子射箭方面，排行韓國前八十名，意味著達到全球

前五名的水準。據說獲選進入韓國女子射箭代表隊，比在奧運比賽摘下金牌困難許多。用「無懈可擊」形容一點也不為過的韓國射箭選手們，在他們的成功背後，有著所謂的「特殊心理訓練」，「影片VD技巧」便是其中之一。首爾大學運動心理研究中心的首席研究員們，為奧運射箭代表隊製作了片長七分兩秒的影片，影片內容依照以下順序進行。

① 首先是選手出發前往射箭場一路上的各種畫面：選手們搭上的接駁車內部擺設、接駁車奔馳而過的道路、射箭場的全貌、射箭場內的練習室、選手休息室通往射箭場內的走道、陽光耀眼的出口等畫面，一一呈現在影片中。

② 接著出現選手們走在通往射箭場內的走道上，內心緊張不已的畫面。這時聽見遠方傳來「以平常心面對比賽」的聲音。

③ 畫面上出現射箭場上人山人海的觀眾，可以聽見觀眾的歡呼與熱烈的加油聲、掌聲。

④ 選手以最佳狀態站在射擊線上，游刃有餘地拉開弓弦的畫面。

⑤ 弓弦依序射出的十二發箭，全都不偏不倚地命中紅心的畫面。 36

在高爾夫球歷史上創下空前絕後紀錄 PGA高爾夫球錦標賽五屆冠軍、美國高爾夫球公開賽四屆冠軍、高爾夫球名人賽六屆冠軍、英國高爾夫球公開賽三屆冠軍、完成 PGA 巡迴賽（PGA Tour）與長青巡迴賽（Senior Tour）「大滿貫」的傑克·尼克勞斯（Jack William Nicklaus），曾指出多虧在出賽前進行的「影片 VD 技巧」，自己才能在比賽中無往不利。他所觀賞的影片不是別的，正是拍下自己擊出最棒的一桿的影片。

順帶一提，高爾夫球傳奇人物阿諾·帕瑪（Arnold Daniel Palmer）與高爾夫球天才老虎伍茲，據說也是每天實踐「影片 VD 技巧」。

讓我們好好思考這個問題：這些分秒必爭的世界頂尖運動選手們，為什麼特地花時間進行「影片 VD 技巧」呢？原因有二，一是它能獲得比親身訓練更棒的效果，二是它能帶來勝利。

｛你擁有什麼樣的 VD 習慣？

一手創立「京瓷」，帶領企業從沒沒無聞走向全球化企業的稻盛和夫，被人們問到關於這驚人成就背後的祕訣時，他曾經這麼回答：

「要想獲得驚人的成就，這股渴望成功的強力意志，必

須滲透至你的潛意識底層。」

總結全球潛能開發專家的意見與看法，我們可以這麼說：人們在心中想像成功的瞬間，渴望成功的強烈意志將到達潛意識的表層；看著照片具體想像成功，將可到達潛意識的中層；看著影片生動地想像成功，幾乎到了分不清現實與想像的程度時，將可到達潛意識的底層。

當然也有人不必利用照片與影片，只憑心中生動地想像，就能讓渴望成功的強烈意志滲透至潛意識底層。再說只要持續實踐 R=VD 公式超過十年，任誰都能將成功的渴望滲透至潛意識底層，也許你正是這種類型的人，具有恆心毅力持續實踐 R=VD 公式超過十年以上。但是如果你不是這種人，或是希望盡快實現夢想的話，建議利用照片或影片生動地想像。

在國際上享有極高知名度的洛基青木，習慣利用照片生動地想像；達到世界頂尖水準的韓國射箭代表隊與傑克·尼克勞斯、阿諾·帕瑪、老虎伍茲等人，也都有利用影片生動地想像的習慣。

你擁有什麼樣的 VD 習慣？如果還沒有，未來打算養成什麼樣的 VD 習慣？不管你的選擇是什麼，請記住一點：只要你生動地想像，就能獲得夢寐以求的東西。

出發！到你想去的地方

{ 場所
VD 技巧　R=VD 技巧之一的「場所 VD 技巧」，是
指親身到某個場所生動地夢想。我們已經知道，R=VD 技巧
的前提是「生動地夢想」，換句話說，夢想達成的效果將與
夢想的生動度成正比。在心中想像與利用照片想像，自然比
不上到某個場所想像的「生動度」。亦即場所 VD 技巧，是
R=VD 三種技巧中效果最好的。

　　歐納西斯與華特‧迪士尼的案例，就是最好的證明。兩
人長久以來強烈地夢想自己成為所屬領域的頂尖人物，然而
他們的夢想卻只停留在想像的階段。最後要到兩人實地走訪
船舶市場與好萊塢片廠，開始全心全意地想像時，他們的夢

想才有如魔法般一一實現，而且是迅速又明確。

場所 VD 技巧內容如下：

① 前往與夢想相關的場所。

② 待在該場所，強烈地想像夢想成真的模樣。

③ 持續到該場所生動地想像，直到夢想實現的那天。

創辦全球知名化妝品公司雅絲蘭黛的雅絲‧蘭黛，是使用場所 VD 技巧獲得成功的知名人士之一。她尤其戮力實踐上述第三項原則。[38]

我們都知道雅絲‧蘭黛從一人公司白手起家，也就是生產者是雅絲‧蘭黛，經銷商是雅絲‧蘭黛。在這種條件下，化妝品外包裝自然無法做到精緻的程度。儘管品質精良，外包裝卻相當粗糙，那不過是將化妝品裝填於罐子內，在蓋子貼上「雅絲蘭黛」的標籤罷了。人們當然看不出這款化妝品的價值，而雅絲‧蘭黛無處銷售自己製作的化妝品，只得輾轉多家美容院，免費分送化妝品給人試用。

當時她最大的心願，就是在佛羅倫斯‧莫里絲（Florence Morris）女士經營的美容院「House of Ash Blondes」內，設立一處雅絲蘭黛的化妝品專櫃。為了實現這個心願，雅絲‧蘭

黛每個月都到這間美容院一次，生動地想像自己的化妝品專櫃已然成型的模樣。這種行為持續到什麼時候呢？直到佛羅倫斯·莫里絲親口說出：「我在西六十二號街開了一間新的美容院，你願意在那裡設立化妝品專櫃嗎？」雅絲·蘭黛才結束設櫃的想像。

在知名美容院設立化妝品專櫃後，她開始進一步想像自己的帝國，一個雅絲蘭黛的帝國，那正是進駐美國與歐洲等全球知名百貨公司的雅絲蘭黛化妝品專櫃。

但是天不從人願，美國知名百貨公司拒絕與雅絲·蘭黛見面。而雅絲·蘭黛也不是省油的燈，她找上知名百貨公司的專櫃駐點負責人，癡癡等著負責人答應與自己見面的那一刻。然而大部分的情況都是等了八小時、十小時後，終於見到負責人一面，卻被告知「目前沒辦法，請您下次再來吧」。

在等待的過程中，雅絲·蘭黛都做些什麼？答案是實踐她的專長——場所 VD 技巧。

她坐在百貨公司的椅子上，心中描繪千千百百種畫面：駐點負責人興高采烈地裝潢雅絲蘭黛化妝品專櫃、使用過化妝品的顧客們口耳相傳、顧客摩肩接踵而來等畫面。她在心中努力不懈地想像這些畫面，直到夢想真正實現的那一刻。

之後正如世人所看見的，雅絲·蘭黛的 VD 全都實現了。

「從小我就相信，只要生動地夢想，所有願望都能實現，並且對此深信不疑。」

——阿諾·史瓦辛格（知名演員，美國第 38 任加州州長）

阿諾·史瓦辛格與場所 VD

距今數十年前，奧地利住著一名少年。自小身體虛弱，外號被稱為「瘦皮猴」的他，一心夢想成為肌肉結實的猛男，而且還是世界各國健美選手齊聚一堂、較量高下的環球模特兒先生（Mister Universe Model）大賽的冠軍。

從現實層面來看，這當然是癡人說夢，所以其他人不是嘲笑這名少年的夢想，就是不予理會。但是這名少年深知化不可能的夢想為現實的 R=VD 夢想公式，每天生動地想像自己有朝一日成為環球模特兒先生冠軍的模樣。

「心想事成」這句話包含了兩種情況。

第一，渴望的東西平白送上門來。

第二，獲得足以實現夢想的能力。

這名少年屬於第二種情況。在少年心中具體成形的夢想影像，使少年擁有持續健身的力量，並且具備不斷超越人類

極限的能力。

這名少年長大成人後，終於具有參加環球模特兒先生大賽的資格。曾經遭人嘲笑「瘦皮猴」的少年，搖身一變成為代表奧地利出賽的健美先生。

當他抵達環球模特兒先生大賽的會場時，竟開始做出令人匪夷所思的舉動。他一有空便擺出冠軍的姿勢，穿梭在整個會場上，接著忽然停下動作，站在原地緊閉雙眼。這是為了生動地感受自己已經成為冠軍的模樣。

如果你能看見當時這名年輕人，肯定會相信環球模特兒先生大賽已經結束，而他就是這屆的冠軍。這名年輕人的行為舉止就是如此充滿自信。也許是這股發自內心的夢想力量發揮了作用吧？這名年輕人最後果真成為當年環球模特兒先生大賽的冠軍。他所使用的VD技巧，稱為「場所VD技巧」。

一名韓文隻字不識的人，在韓國成功躋身電影明星的機率有多少？而且還是電影主角的機率？若說成功機率為零，一點也不為過吧。坦白說，在韓國還真找不到成功的外國電影明星。

但是，如果這名外國人每天竭盡全力實踐 R=VD 公式，甚至懂得進一步使用場所 VD 技巧的話，成功機率將可提高多少？我敢說成功機率是百分之百。為什麼？因為只要生動

地夢想，就能心想事成，也因為場所 VD 技巧能真正發揮強大的力量。

　　這名獲得環球模特兒先生冠軍頭銜的年輕人，前往好萊塢實現電影明星的夢想。憑著這段文字，似乎無法給人深切的感受。試著想像一名下定決心成為電影明星而來到忠武路（譯註：為首爾著名的電影街）的印度田徑冠軍、巴基斯坦體操冠軍、緬甸健身冠軍，再想想十年後這三人分別成為像薛景求、崔岷植、宋康昊這類知名影星的機率有多少。這與這名年輕人的情況有異曲同工之妙。當然，這名年輕人起初並沒有通過試鏡，但是他絲毫不擔心，而是想方設法進入好萊塢片廠，利用場所 VD 技巧生動地想像自己成為好萊塢名氣最響亮的演員的模樣，就像參加環球模特兒先生大賽那時一樣。

　　這名年輕人最後果真心想事成。也許你曾經看過這名年輕人主演的電影，他的名字是阿諾‧史瓦辛格，代表作是《魔鬼終結者》系列。

　　或許有人會問，光憑實踐「場所 VD 技巧」就能創造今日的阿諾‧史瓦辛格，這麼說會不會有些牽強附會？對於這個問題，他在許久以前就曾經回答過。

「從小我就相信，只要生動地夢想，所有願望都能實現，並且對此深信不疑。這樣的信念確實帶來奇蹟。我在首度參加的環球模特兒先生大賽中，就曾經生動地想像自己獲得冠軍的模樣，同時不停在整個會場上來回穿梭。**37** 即使後來轉換跑道至電影圈，也依然使用相同的方法，結果便是在現實生活中獲得所有渴望的東西。」

順帶一提，每當阿諾‧史瓦辛格被問到關於自己的成功祕訣時，他總是提到「場所 VD 技巧」，卻鮮少提及實際行動上付出的努力。也許他希望傳遞這樣的訊息：再怎麼看起來不可能的目標，只要生動地夢想，自我內在將自然產生超乎常人的力量，而這股力量將持續使你奮勇向前。

理查‧保羅‧伊凡斯（美國《紐約時報》、《今日美國報》第一名暢銷作家）

{ **理查‧保羅‧伊凡斯的場所 VD** 如果你希望以最快的速度實現夢想，建議使用理查‧保羅‧伊凡斯（Richard Paul Evans）的方法，那是場所 VD 技巧中最具效果的一種。

理查・保羅・伊凡斯曾經夢想成為一名作家，他希望自己的作品有朝一日躍上全球暢銷書排行榜。儘管他生動地描繪自己夢想成真的模樣，也努力地創作，然而令人惋惜的是，出版社對他的作品絲毫不感興趣。讀過他作品的編輯們不約而同地表示：「你的作品雖然好，但是恐怕賣不出去。」因而拒絕為他出版。理查・保羅・伊凡斯就這樣被出版社拒絕了好幾年。

根據 R=VD 公式，凡是生動地夢想，最後必然實現。而理查・保羅・伊凡斯已在心中想像多年，卻不見一絲實現的徵兆。如果他只是平凡的 R=VD 實踐者，這時或許已經放棄了，甚至妄自菲薄：「其他人我不敢說，不過看來 R=VD 公式並不適合我。」如果他是稍微特別的實踐者，或許會更努力實踐 R=VD 公式，並且繼續創作下去。

理查・保羅・伊凡斯應該是非常特殊的實踐者了，他沒有繼續等待自己的 VD 實現的那天，而是回到現實情況中，以自己的 VD 克服現實。

當他翹首期盼自己夢想實現的某一天，恰巧得知美國書商協會（American Booksellers Association）正為紐約時報暢銷作家舉辦簽名會的消息。聽到這個消息的瞬間，他立刻採取以下行動。

① 自費出版書籍。

② 帶著出版書籍前往簽名會會場。

③ 在暢銷作家進行簽名活動的許多攤位旁，另設一處自己的攤位。這當然沒有經過書商協會方面的許可，自己說了算。

參加簽名會的讀者以為理查・保羅・伊凡斯是自己未曾聽過的世界級作家，竟開始排起隊要求簽名。理查・保羅・伊凡斯也煞有介事地介紹自己的作品是全球暢銷書，並為這些讀者簽名。紐約時報暢銷作家大多為世界知名作家。

就書商協會的立場來看，理查・保羅・伊凡斯的行為太不像話，他們當然得立刻撤除攤位，並要求他立刻離開。而理查・保羅・伊凡斯對此如何回應？他只是淡淡地說了一句話。

「我口渴了，請給我來杯冷飲吧。」

聽到這句話的書商協會人員，一時間有些不知所措。因為理查・保羅・伊凡斯的表情、口吻、服裝、散發的氣息、態度等，正與世界知名暢銷作家如出一轍。過去經常與無數世界知名暢銷作家打交道的他們，自然相當了解。最後他們

被一股莫名的力量征服了。書商協會提供理查·保羅·伊凡斯一杯冷水，並且協助簽名會的進行，認可他是一位世界知名暢銷作家。

理查·保羅·伊凡斯超乎想像的場所 VD 技巧，果真具有相當顯著的效果。隔年他的作品《第一份禮物》（維京出版，2010）登上紐約時報暢銷書第一名，並且被翻譯為十八國語言，在全球狂銷熱賣。**39**

電影導演史蒂芬·史匹柏也是使用類似理查·保羅·伊凡斯那樣超乎想像的場所 VD 技巧，最後獲得成功的案例。先前曾經提到，雖然史蒂芬·史匹柏實踐 R=VD 公式長達九年之久，一心渴望成為電影導演，但是夢想並未實現，最後他下定決心以自己的 VD 克服現實。就像理查·保羅·伊凡斯一樣，他走進自己最希望待下來的地方——環球影城。

他表現出一副理所當然的態度，因此沒有任何人制止他。他在無人使用的辦公室外掛上「史蒂芬·史匹柏導演辦公室」的招牌，清掃人員經過時，順道走入辦公室為他清掃，並且由警衛人員為他看守。這些事情之所以可能發生，是因為史蒂芬·史匹柏真心相信自己已經成為環球影城的導演。

他每週進辦公室約三次，穿上導演服後，逕自前往電影片廠，生動地夢想自己已經成為電影導演的模樣，這是他唯

一的工作。然而他的特殊場所 VD 技巧,具有非常卓越的效果。因為進入環球影城實踐場所 VD 技巧不到兩年,他所拍攝的電影就在電影院上映了。

如果史蒂芬‧史匹柏沒有親自到環球影城實踐 R=VD 公式,結果會是如何?

也許到他實現夢想為止,最少還得等上兩到三倍的時間。

{ **實踐場所 VD 技巧** 你的夢想是什麼?為了實現這個夢想,你目前正採取什麼樣的行動?

「只要發自內心盼望,夢想就能實現。」這句話中的「發自內心」包含了許多意義。到真正渴望待下來的地方,竭盡全力實踐 R=VD 公式,便是其中之一。

你夢想成為最高經營者嗎?如果是這樣,為了實現這個夢想,除了付出實際行動上的努力外,你還必須定期花些時間到你希望效法的 CEO 的辦公室去。在那裡生動地想像自己成為那間辦公室主人的模樣,直到拜訪該公司的顧客以為你是真正的 CEO,對你說出「社長,您好」,直到公司員工對你畢恭畢敬地行禮為止。

你夢想成為市中心鬧區某棟雄偉建築的主人嗎？如果是這樣，為了成為這棟建築物的主人，除了付出實際行動上的努力外，你還必須定期花些時間到那棟建築物去。在那裡生動地體會已經擁有那棟建築物的感覺，直到各樓層使用者看見你，都會下意識認為你是這棟建築的主人。

你夢想與你的能力無法企及的理想對象交往並結婚嗎？如果是這樣，為了更聰明地接近你夢寐以求的對象，請按照以下的場所 VD 技巧進行：定期前往你與他／她成為戀人後希望約會的場所，在那裡的一言一語、感官知覺、行為舉止，都要像是來郊遊一樣；前往希望與另一半舉行婚禮的宴會場，生動地想像婚禮進行的模樣。不，應該說你的一言一語、感官知覺、行為舉止，都像是早已與理想對象結婚，而現在只是恰巧經過舉行婚禮的宴會場，順道進來看看而已。

如果你的一言一語、感官知覺、行為舉止一切發自於內心，那麼你的夢想就會成真。

喊出你心中的夢想，便能成真

chapter
3

{ 呼喊 VD
技巧　一九九〇年，一名年輕人不忍心看著病榻在臥
的母親受苦，開著一輛價值五十美元的中古汽車，離開加州
的家前往好萊塢。他希望在好萊塢闖出名聲，提供母親最好
的照顧。然而天不從人願，這名年輕人最後在好萊塢淪為乞
丐。他將一份漢堡分成三份權充三餐，夜晚露宿街頭，並在
公園廁所盥洗沐浴，就這樣度過好一陣子。

　　當人們陷入危機時，通常有兩種選擇，不是聽天由命，
就是緊抓眼前的機會掙扎求生。這名年輕人選擇了後者。他
認為以自己的力量不足以實現成為演員的夢想，於是向外尋
求其他力量。他開始相信在人生尚未跌落谷底前，怎麼也不

相信的那些話，並且真心實踐之。

這名年輕人每天爬上好萊塢全景盡收眼底的山崖上，一邊眺望整座城市，一邊伸長雙手大聲呼喊：

「這城市的所有人都希望和我一起工作！」

「我是優秀的演員！真的，非常優秀的演員！」

「我接獲演出機會，要在頂尖導演執導的各類型電影中演出。」

接著生動地想像自己的呼喊——實現的模樣。 ⁴⁰

電影明星金·凱瑞在沒沒無聞那段歲月實踐的 VD 技巧，稱為「呼喊 VD 技巧」。內容如下：

① 生動地想像夢想成真的模樣。

② 以言語形容夢想的內容。具體形容夢想成真的模樣，就像親眼目睹那樣。如果力有未逮，不妨先寫在紙上，再大聲朗讀出來。

③ 在呼喊結束前，再次生動地想像。

④ 每天重複上述過程三十分鐘以上。待在獨自一人的空間也無妨，到渴望實現夢想的場所進行更具效果。

最擅長使用這項技巧的人，正是三星集團的李建熙會長。

根據研究李建熙的諸多人士所言，他是一位不折不扣的「夢想家」。既不常走入辦公室，也鮮少與其他人打交道，而是蟄居家中生動地想像未來。對此，《韓國資本主義的開拓者》（臺灣無譯本）一書曾經如此形容：

「李建熙會長活在充滿夢想與想像力的當下。」

他也會有站在眾人面前大聲呼喊的時候，那是當他花上漫長時間在心中生動地想像後，這個夢想開始在眼前逐漸成形時。李建熙會長一上任後，立刻對三星集團的前主管與員工發表談話：

「三星集團的獲利將達到一兆韓圜，屆時全體員工的薪水也將調高兩到三倍。」

李建熙會長生動地想像三星集團的未來後所發表的這番言論，讓在場的員工開始懷疑起自己的耳朵，因為當時三星集團的獲利只有兩千萬韓圜。但是不久後，這句話就實現了。

在籌備愛寶樂園、三星醫院、高爾夫球場、美術館、托兒所等事業時，李建熙會長也使用相同的方法。當他花上漫長時間生動地想像後，這個夢想開始在眼前逐漸成形時，他便向全體員工發表談話。李建熙會長的「夢想藍圖」技巧，就是這麼來的。

{ 在言語上率先成功的
{ 知名人士　當我著手調查使用呼喊 VD 技巧獲得成功
的人物時，發現一個相當有趣的現象。像金・凱瑞這樣刻意
呼喊出自己願望的人，其實並不多見。反倒是經常對夢想嗤
之以鼻，或者傲慢地說著自己的願望的人占多數，以下將舉
例說明。相信金・凱瑞一開始並非如此，而是日後受到他人
影響而逐漸改變的。

金喆浩

起亞（KIA）汽車創辦人。從生產還稱不上是整輛單車
的單車坐墊開始，他就清晰地構思夢想，並宣稱「我將成為
全球最頂尖的汽車製造商。」那種滿不在乎的表情，就像是
在說：「我明年又多了一歲。」**41**

孫正義

他從小學開始使用呼喊 VD 技巧，一邊說「將來我一定
會成為數千、數萬人的領導者」，一邊強烈地想像未來，然
而據說態度相當冷淡，就像是小學生說「放學後，我要叫媽
媽買餅乾給我」那樣。**42**

約翰・沃納梅克（John Wanamaker）

被稱為「百貨業之王」的人物。年少時就喜歡在人們面前描述自己成為偉大人物的模樣，因而小有名氣，但是據說他描述自己成為富商大賈的模樣時，態度相當自然，因此人們完全沒有表現出不耐煩的態度。[43]

本田宗一郎

本田汽車工業的創辦人。從經營彈丸之地的工廠開始，只要一有空，他就會對員工說：「有朝一日，我們公司會成為世界第一的兩輪車製造商。」此時員工總是面面相覷。因為就實際情況來看，這番話根本不可能發生，但是站在講得理所當然的社長面前，卻不能透露任何一絲心中的想法。[44]

盛田昭夫

索尼（Sony）的共同創辦人。在半導體收音機銷售量不到一萬台的時期，他就接獲寶路華（Bulova）這家大企業十萬台收音機的訂單。雖然拿下索尼標籤，改貼寶路華商標的代價，能幫助公司脫離資金危機，並且為公司賺進大筆鈔票，但是面對這絕佳的機會，盛田昭夫卻以嗤之以鼻的口吻回答：「五十年後，敝公司的名聲將超越貴公司，恕我得拒絕您的

訂單。」 **45**

　　上述的案例有兩點值得我們學習。

　　第一，信心的力量。上述人物能夠以滿不在乎的態度說出自己的夢想，正是因為他們將自己的成功視為既定事實。信心的強弱將與成功的程度成正比，沒有信心獲得成功的人，便展現不出有機會成功的行為，白白錯失到手的機會，最後成為失敗者。

　　有信心獲得成功的人，他們的一舉一動則有著天壤之別，因此能夠迅速抓住成功的機會。渴望成功，就必須將成功視為既定事實。

　　第二，相信終將成功的態度。看完一部賺人熱淚的電影，或是知道哪裡有美味的餐廳，就急著介紹給身旁親友的經驗，相信各位多少都有過。那是因為自己真心喜歡，才可能向他人推薦。成功也是一樣的道理。如果你發自內心認定自己終將成功，相信一有機會，你就會向身邊的人這麼說：「我一定會成功。」

　　語言具有力量，如果在親友面前淨說些「我應該不行吧」之類的洩氣話，失敗就會找上門來；平時不常說出成功或失敗的話，就會過著平庸的一生；如果像前述列舉的人物

一樣將成功掛在嘴上，成功將不請自來。渴望成功，就得在人們面前以一副理所當然的態度說出「我會成功」。至於他們以什麼樣的態度聽你說這句話，都與你無關。

若能學得以上兩種啟示，相信任何人都能成功，真心期盼各位讀者能以他們的態度為榜樣。如果這麼做有困難，不妨先為自己的改變做些規劃，寫下幾段呼喚成功的句子，每天反覆大聲朗誦二十到三十次。當然，也必須同時生動地想像夢想成真的模樣。

舉例來說，可以寫下像是「我將變得更加積極。」「我將成為 CEO。」「我將過著幸福的生活。」這類的句子。這個方法具有相當顯著的效果，它能使你成為句中那樣的人，扭轉你的人生。此一事實早已經過科學證明。如果反覆呼喊某句話，大腦將逐漸信以為真，並分泌出與這句話相關的荷爾蒙。例如反覆呼喊「我很幸福」，大腦將分泌出使人感到幸福的荷爾蒙；反覆呼喊「我會成功」，大腦將分泌出提升專注力與行動力的荷爾蒙。

讓我們看看位於美國芝加哥的怡安集團（Aon Corporation）創辦人克萊門特 · 史東（W. Clement Stone）的故事。他每天早上帶領員工呼喊「我心情愉快、通體舒暢，感覺快要飛起來了」，並且與員工一同生動地想像自己正體

驗這種感覺的模樣。結果如何？整個企業達到令人驚嘆的快速成長。員工人數增加至數十萬人，克萊門特‧史東也晉升身價億萬韓圜的企業主。[46] 在每天一早滿心歡喜地開始一天工作的社長底下，所有員工莫不以誠摯的笑顏招待客戶，也能滿懷喜悅地遂行公司業務。

{ **利用言語**
{ **實踐** VD　世界知名潛能開發專家凱薩琳‧龐德（Catherine Ponder），曾利用「呼喊VD技巧」幫助人們由貧轉富，因而獲得高知名度。她曾經讓一位不曾受過教育的家庭主婦變身醫療公司的最高經營者；讓一位證券公司的交易員在低迷的經濟中提高四倍獲利；讓一位接案工程不超過百萬美元的建設公司老闆在短時間內接獲一億美元的工程。

凱薩琳‧龐德所傳授的「呼喊VD技巧」，關鍵是什麼？那就是每天三次，每次五分鐘生動地想像自己夢想實現的模樣，同時大聲呼喊自己的夢想。[47]

知名教育心理學家保羅‧克雷格（Paul L. Craig）博士透過約翰‧迪馬提尼（John F. Demartini）的案例，證明只要實踐「呼喊VD技巧」，任何人都能奇蹟般地扭轉自己的人生。

當保羅‧克雷格博士發現九歲被診斷出患有學習障礙、

十四歲輟學、十七歲藥物中毒的年輕人約翰‧迪馬提尼後，立刻為他進行治療，同時每天要求他大聲呼喊「我是天才，我能善用我的智慧」數十次，生動地想像變成這樣的自己。改變後的約翰是什麼模樣？他從休士頓大學畢業，獲得博士學位，出社會後為各大企業開設五十四個培訓課程，甚至出版了十三本書，成為世界知名的演講專家。**48**

知名度媲美保羅‧克雷格的教育心理學家普雷斯考特‧萊基（Prescott Lecky）博士，則是利用「呼喊 VD 技巧」將數千名學習落後生訓練為資優生。例如要求英語能力測驗不及格的學生反覆說：「我用英文寫出的作品，將可獲得文學獎。」一邊生動地想像，結果這些學生確實成為文學獎得獎者；要求未達及格學分而遭學校退學的學生反覆說：「所有科目我都可以得到 A。」一邊生動地想像，結果這些學生竟以優異成績從哥倫比亞大學畢業，這些都是最具代表性的案例。**49**

上述三位研究人員證明了呼喊 VD 技巧扭轉生命的事實。

以下就以金‧凱瑞的故事總結本單元。

請比較一九九〇年的金‧凱瑞與現在的你。在這兩人之中，誰獲得成功的可能性較高？顯然各位成功的機率較大，

只要你現在不是一九九〇年那位每天以公園廁所盥洗的流浪漢的話。

但是為什麼你和金‧凱瑞的生命有著天壤之別？為什麼你無法成功，而金‧凱瑞卻在全球享有盛名？

儘管各方面存在著不少差異，然而其中又以金‧凱瑞表明自身成功祕訣的「呼喊 VD 技巧」方面差異最大。金‧凱瑞全心全意實踐呼喊 VD 技巧，十七年來如一日，而你並沒有這麼做。

想像十年後的未來。未來金‧凱瑞想必會比過去十年來更投入、更熱切地實踐「呼喊 VD 技巧」；相反地，各位並不會這麼做。因為藉由「過去」這面鏡子，就能推測各位的未來。

各位認為，這個差異將分別為金‧凱瑞與你帶來什麼樣的未來？

將夢想化爲文字，反覆朗讀

chapter
4

威廉・傑佛遜・比爾・柯林頓（美國政治家、美國民主黨成員、第 42 任美國總統。）

{ 柯林頓實踐過的
VD 法則　威廉・傑佛遜・比爾・柯林頓（William Jefferson Bill Clinton）是二十世紀最成功的人物之一。他出生於經濟最弱勢的社會底層，還是個單親家庭的孩子，然而他在三十二歲那年當選州長，創下美國史上最年輕州長的紀錄；在一般政治人物正式開始投入政治活動的四十六歲那年，便坐上堪稱世界政治中心的美利堅合眾國總統的位置。像這樣官運亨通的人，歷史上還有幾人？

柯林頓在自傳《我的人生：柯林頓回憶錄》（時報文化，2004）的第一頁這麼起頭。以下引自《我的人生：柯林頓回憶錄》。

　　「在我剛從法學院畢業、年紀還很輕、亟於展開人生之際，我一度拋開對小說和歷史的偏好，買了一本人生指南類的書，這是拉坎（Alan Lakein）所寫的《如何掌控時間和人生（How to Get Control of Your Time and Your Life）》。該書主旨是教讀者必須就人生短期、中期和長期目標開列清單，依其重要性來歸類，A類最重要，B類次之，C類最後，然後在每個目標之下註明該如何達成。我至今還保有這本將近三十年歷史的平裝書，也確定當年那張清單還埋在某些文卷中，只是我找不到。但我還記得自己所列的A類目標。」

　　柯林頓曾連任兩屆美國總統，即使目前已經退休，對全球仍具有特殊的影響力。如此偉大的人物，為何會在自傳的第一章提及將「目標」寫下一事？甚至詳列人生指南類書籍的書名？

　　如果不是他肚裡的蛔蟲，想必任何人都無從得知確切原因，不過從常識上來推論是可行的。柯林頓想表達的，不正是自己獲得的所有光榮的成就，都是從內容寫有「列出目標

清單就能實現夢想」的一本實用書籍開始的嗎？

一九五三年，美國耶魯大學向畢業生提出一個問題：是否隨身攜帶寫有人生目標與如何達成目標的清單？只有百分之三的學生回答：「是。」二十年後的一九七三年，耶魯大學針對一九五三年的畢業生進行調查。結果發現，當年百分之三攜帶寫有目標與計畫清單的人，比其他百分之九十七的人過著更充實、更幸福的生活。在經濟情況上則有更驚人的結果，百分之三的人的財產，比其餘百分之九十七的人的財產總合高出許多。《今日美國（USA TODAY）》在二○○二年一月也曾進行與一九五三年度耶魯大學類似的調查。該雜誌以其讀者為對象詢問受訪者的新年計畫，藉此區分寫下新年計畫與將新年計畫記在腦海中的人。一年後的二○○三年二月得出以下結果：將計畫寫下來的人，其目標達成率比沒有寫下來的人足足高出十一倍。50

柯林頓一九七三年畢業於耶魯大學法學院。他也許是在大學畢業後才接觸到針對一九五三年畢業生實施的調查結果，接著又立刻買入教導如何將目標列為清單的書籍——艾倫‧拉坎的《如何掌控時間和人生》，因而試著將自己的目標寫下來的吧。成功的人果然與眾不同，任何消息進入他們耳中，便立刻化為行動。

但是這裡有一個問題，如此強調將目標列為清單的柯林頓，為什麼會說：「當年那張清單還埋在某些文卷中，只是

我找不到。」說出這句話的柯林頓，不免給人疏忽那張目標清單的印象。

其實這個問題不難找到解答，在他自傳的最後一頁如此寫道：

「至於我自己呢，還在努力實現我從年輕時代就立下的目標。」

我們可以藉此推測，柯林頓的「列出目標清單的習慣」，即使從耶魯大學畢業，甚至是卸任總統職務後的今日，仍持續進行當中。一有時間就把自己的目標寫在新的紙上，自然沒有理由還帶著三十年前如廢紙一般的清單。

柯林頓的這番話，意思就是至今仍繼續將年輕時設定的人生目標寫在新的紙上，同時為達成此目標而持續努力當中。這個推論之所以成立，乃是因為柯林頓是 R=VD 公式的信徒。柯林頓終其一生生動地夢想自己當選總統的模樣，這件事一直為人們津津樂道。

{ 利用文字 VD
成功的案例　生動地夢想心願成真的模樣，並且將之記錄下來，夢想就能實現，這其實是 R=VD 公式中相當知

名的技巧之一。以下就介紹利用此技巧實現夢想的代表人物吧。

喬治・華盛頓

「我將與美麗的女子結婚。」「我將成為美國首富。」「我將帶領軍隊。」「我將推動美國獨立，成為美國總統。」

美國國父喬治・華盛頓從十二歲起，便生動地想像上述目標，並將之記錄下來。

李小龍

「我會成為一九八〇年美國家喻戶曉的東方演員。我的演出費將達到千萬美元。」李小龍親筆寫下的這張紙，目前珍藏於紐約好萊塢星球餐廳（Planet Hollywood）內。**52**

披頭四

「約翰與我總是坐在一起看著攤開的筆記本，至今我仍珍藏著那些早已破爛不堪的筆記本。第一頁上方的標題是『藍儂與麥卡尼的開始』，想到什麼就寫什麼，整本筆記本被寫得密密麻麻的。在這一本筆記本中，滿滿寫著『我們將成為下一代最傑出的樂團』的夢想，而我們真的實現了這個

夢想。」

　　這是披頭四成員保羅‧麥卡尼說過的話，收錄於作家賴瑞‧藍格（Larry Lange）的《The Beatles Way: Fab Wisdom for Everyday Life》（無中文譯本）一書。根據賴瑞‧藍格的紀錄，保羅‧麥卡尼曾信誓旦旦地說：

　　「記錄夢想的習慣，對披頭四的成功影響深遠。」

史考特‧亞當斯（Scott Adams）

　　「我將成為在報紙上連載漫畫的知名漫畫家。」

　　夢想成為漫畫家卻進入工廠工作的史考特‧亞當斯，經常生動地描繪夢想成真的模樣，每天將這句話寫在紙上十五遍之多。在報紙上連載漫畫的夢想實現後，他接著每天在紙上寫下十五遍「我要成為世界最傑出的漫畫家」。

　　目前他的漫畫正在全球兩千多份的報紙上連載，據說他至今仍每天將這句話寫在紙上十五遍。

　　「我將獲頒普立茲獎。」53

稻盛和夫

　　「達成每月營業額十億日圓，我們就去夏威夷旅遊！」

　　在年營業額只有五到六億日圓的時期，稻盛和夫已將上

段文字謄寫於海報上，掛在公司的入口，與全體員工共同生動地想像目標達成的模樣。每月營業額十一日圓的目標不久後果真實現，藉由這次的成功，稻盛和夫的公司脫胎換骨為大型企業。[54]

孫正義

「我將帶領公司在五年內擁有一百億日圓、十年內擁有五百億日圓的資產，進而蛻變為擁有數兆日圓資產價值的企業。」

一九八〇年二月，孫正義帶著兩名工讀生成立和音世界（Unison World），並且寫下這段宣言。當時別說是一百億日圓，就連工讀生的月薪也無法如期支付，然而今日他的夢想早已悉數實現。

{ 文字 VD 技巧 「文字 VD 技巧」既容易又簡單。

① 準備一本夢想筆記本。

② 將夢想寫在筆記本上。

③ 在書寫的同時，一邊大聲朗讀寫下的內容，一邊生

動地想像夢想實現的模樣。

只要做到這三項即可。以下再為想進一步了解的人詳細
說明。

① 任何形式的夢想筆記都可以，不一定非得要筆記本。
可以是日曆紙或計算紙，也可以是活頁紙或便條紙，利用
WORD 檔案也無妨。重點不在於筆記本的形式，而是寫下夢
想的行為。

② 寫下越多的夢想越好，五十個一百個都沒問題。將
所有渴望實現的夢想全部寫下來，盡管放膽寫吧。建議夢想
筆記區分三個部分，第一部分記錄個人的夢想，第二部分記
錄為家人實現的夢想，第三部分記錄為社會、國家與人類實
現的夢想。書寫的行為大致上只要一次就可以，但是若能仿
效漫畫呆伯特（Dilbert）的作者史考特·亞當斯每天反覆書
寫十五次那樣，日復一日辛勤地將夢想寫下來，效果更好。
每天反覆書寫，將可看見更迅速、更強大的效果。

③ 筆記上記錄的內容，每天最少要朗讀一次以上，同
時生動地想像夢想實現的模樣。務必利用全身的感官生動地
感受，因為夢想實現的速度，與你感受的生動度成正比。

只是在實踐「文字 VD 技巧」時，有兩個原則必須留意。

第一個原則：不管別人說些什麼，只要相信夢想筆記上的內容一定會實現。即使為了守護這股信心而使你吃虧，你也必須欣然接受。因為這才是相信夢想的人應有的態度，而夢想將會對這股信心做出回應。

這是發生在數十年前的事情。美國某位高中老師出了一道作業，要求自己班級的學生寫下長大成人後渴望實現的夢想。孩子們認真地在作業本上寫下未來的夢想後，交給老師批閱。

然而導師批閱後，發現這全是一些荒誕不經的夢想，都是十幾歲毛頭小子可能嚮往的不切實際的夢想。

站在教育立場上，導師認為自己有介入的必要，認為應該教導孩子們符合現實的判斷能力。於是他指出孩子們夢想的不合理性，並且退還作業本。孩子們重新寫了一個符合老師期待的夢想，交了上去。這些夢想完全依照家庭環境、學校成績等現實條件所寫，實現的可能性相當高。這時老師才給了 A+ 或 A 的分數。

但是一位名為蒙地（Monty）的學生並沒有這麼做，作業本上的夢想他一個字也沒有更改，原原本本地交了回去。

他在作業本的第一頁上面如此寫道：

「我將擁有面積廣達兩百英畝的牧場。我將雇用賽馬訓練師。我將馴養百分之百純種的賽馬用馬匹。」

接著在下面畫出一幅巨細靡遺的牧場鳥瞰圖，第二頁畫出牧場的各項設施，第三頁具體寫出生活在牧場內的家人與牧童的人數。他洋洋灑灑寫了總共七頁，內容全是關於未來自己所擁有的牧場。

導師怒不可遏，認為該名學生對他的好意不屑一顧，於是心中燃起熊熊怒火。他對蒙地冷冷地說：

「聽著，蒙地。我明白你的心情，我在你這個年紀也有天馬行空的夢想。但是正因為夢想不可能成真，所以才稱為夢想。想想你現在身處的情況，你沒有媽媽，和爸爸兩人相依為命，住在卡車後面的小空間裡對吧？再加上你爸爸沒有固定的工作，只能輾轉各個牧場打零工維生。這樣哪有可能買下牧場呢？你要如何籌錢購買賽馬，又要怎麼支付每個月數十名訓練師與牧場工作人員的薪水？怎麼說都不合理，這種事情不可能發生。老師再給你一次機會，把這一頁全部擦掉，重新寫上你的願望。希望你寫出符合自己的處境、有可能實現、常理上說得通的夢想。如果你再不聽話，我只好給你 F 了。整份作業全是不切實際的內容，也只有 F 這個分數

最適合了。」

幸好蒙地沒有聽取老師的意見，他以充滿自信的口吻答道：

「老師，我相信只要寫下夢想，並且生動地想像，夢想就一定會實現。請給我 F 吧，我的夢想比學校的分數更重要。」

導師無可奈何地搖搖頭，給了蒙地 F。

美國加州有一座名為「Flag is up Farms」的牧場。高中生蒙地在夢想作業本上寫下的內容，幾乎全在這座牧場實現了，這座牧場的主人，當然就是蒙地。[55]

第二個原則：必須隨身攜帶夢想筆記本。如果用於夢想筆記的筆記本太過厚重，不方便隨身攜帶的話，只要先將夢想寫在大筆記本上，再謄寫到隨身手札即可；如果一張小便條紙就能將所有夢想寫進去的話，不妨就寫在便條紙上，放在皮夾內隨身攜帶。

俗話說「士為知己者死，女為悅己者容」，夢想也會親近珍惜自己的對象，為全心全意接納自己的人犧牲奉獻。

在一九九六年亞特蘭大奧運會前夕，曾在奧運十項全能項目摘下金牌的布魯斯‧簡納（Bruce Jenner），對參加奧運十項全能項目的代表隊選手發表演說。在演講過程當中，布

魯斯‧簡納向選手提出這樣的問題。

「在座各位，有誰習慣將夢想寫在筆記本上嗎？又有誰看著夢想筆記本，每天生動地想像夢想實現的模樣？」

語畢，場內滿座的選手立刻舉起手來。布魯斯‧簡納接著再問。

「那麼在這個當下，有誰隨身攜帶寫有夢想的清單？」

這次只有一個人舉手。

一九九六年亞特蘭大奧運十項全能項目金牌得主，就是在布魯斯‧簡納第二個問題舉手的丹 ‧ 歐布萊恩（Dan O'Brien）。 56

我們都知道，世界知名影星金‧凱瑞同樣徹底遵守這兩項原則。在那段漫長且痛苦的無名時期，金‧凱瑞一聽到「文字 VD 技巧」，立刻拿來一張空白支票，寫下以下內容。

支付期限：一九九五年感恩節前
支付金額：一千萬美元
支付人：好萊塢電影公司
收款人：金‧凱瑞

金‧凱瑞將這張支票收妥於皮夾中隨身攜帶，不時將支

票拿出來看，同時生動地夢想自己得到電影演出酬勞一千萬美元的模樣。

　　一九九五年，金・凱瑞領到了一千萬美元的電影演出酬勞。時間就在感恩節前，電影片名是《摩登大聖（The Mask）》。**57**

Vivid

你的夢想也能
兌現

別再怨嘆「現在已經太遲了」，而害怕懷抱夢想、挑戰夢想。

今天就是我餘生的第一天，也是最年輕的一天。

別管你現在幾歲，今天就是你餘生中最年輕的一天。

就從今天起，啟動夢想的開關，實現心中夢寐以求的願望吧。

Dream

Realization

給還在猶豫做夢的你

chapter 1

{ 做夢的瞬間，
夢想便開始實現 《夢想成真的力量》一書出版至今，已經過了一年又八個多月（譯註：原文書於二○○七年五月二十八日初版）。這本書本身就是一個小奇蹟，出版不到一年，不僅印刷量早已超過四萬五千本，甚至以國內作家出版的自我開發書籍登上暢銷書總榜前幾名，這是目前《夢想成真的力量》的銷售現況。在韓國，自我開發書籍登上暢銷書總榜的機率為四萬五千分之一，而《夢想成真的力量》出版不到九個月，便擠進暢銷書總榜的前幾名，甚至曾登上某知名網路書店的暢銷書總榜第一名。即使在日本、中國、新加坡等地出版後，至今依然位居國內暢銷書總榜前幾名的

寶座，同時帶動許多「夢想成真」支持者的出現。

這一切究竟是如何辦到的？我想答案不言可喻。因為只要是了解 R=VD 公式力量的人，任誰都能立刻了解其中的原因。

在《夢想成真的力量》獲得廣大讀者厚愛的同時，最令人惋惜的一點，是部分讀者誤以為 R=VD 公式就是吸引力法則。當然，僅就解釋內在力量的部分來看，R=VD 公式與吸引力法則確實有不少相似之處，但是這兩者追求的目標卻是天差地遠。R=VD 公式單純追求達成夢想這件事，而吸引力法則是為了便於向大眾宣揚美國新興宗教新世紀（New Age）的教義，因而提出實現夢想的技術。吸引力法則關於愛與感恩的闡述，也是為了達到相同的目標。因此，在美國書店內與吸引力法則相關的書籍，都被分類在宗教類別下的新世紀宗教內。

將聖經的祈禱與 R=VD 公式混為一談的部分基督教讀者的反應，同樣令人感到失望。「相信祂、信任祂，祂就給你一切。」這種聖經教諭的重點，並非在於 R=VD 公式追求的社會上、經濟上的成功，或者邂逅理想對象、通過測驗、就業成功等世俗的目標，而是在於神聖的天國與崇高的性靈。耶穌被釘在十字架上，並不是為了《夢想成真的力量》書中

追求的目標。關於這點，只要詳細閱讀聖經，自然就能了解。也可以參考拙著《No Secret》（2008 年初版，無中譯本）。

　　還有不少讀者認為本書闡揚「做夢的能力比努力、才能更重要」的觀念。其實只要仔細閱讀本書就能明白，筆者並非以否定的態度看待努力與才能。這個世界上不知有多少人擁有叱吒風雲的才能、付出十二萬分的努力，最後依然無法成功。但是因為本身能力不足或不可抗拒的因素而無法發揮絕佳的實力，卻懂得生動地想像夢想成真的模樣，為了夢想而全力以赴的人當中，卻沒有人錯失成功的機會。

　　在拿破崙的案例中也曾經說明，R=VD 公式來自於我們童年時源源不絕的想像力。不論是在心中看見未來生活幸福美滿的自己；或是在執行一項任務前，生動地想像圓滿達成任務的自己；或是渴望擁有某個東西，因而夢想自己已經得到的模樣，這一切都是所有人類與生俱來的能力。只是受到人世間的折磨，我們逐漸忘了童年那份純真的自信，忘了「雖然現在還小，但是長大後要當總統、科學家，成為國內最有名的人物」那種令人熱血澎湃的夢想。R=VD 公式不為別的，正是為了重新找回童年那份純真的自信。

　　讀到這裡，你還對生動地夢想猶豫不決嗎？若是如此，請看以下案例。這些故事就發生在我們身旁朋友的身上，他

們利用 R=VD 公式實現了夢想。

{ 始終不渝的夢想，
終將化為恆久的寶石　曾經有名男子渴望擁有一
台筆記型電腦與一輛新車，但是沒有足夠的錢購買。幸好他
熟知 R=VD 公式，他將自己渴望擁有的筆記型電腦與汽車寫
下來，並且準備這兩項物品的照片，每天放在懷中隨身攜帶。
同時也在自己的社群網頁（MiniHomepy）建立一個名為「我
渴望擁有的東西」的分類，上傳自己想要的筆記型電腦與汽
車照片，生動地想像自己已經擁有的模樣。偶然見到自己夢
寐以求的筆記型電腦或汽車時，總會喃喃自語地說：「有朝
一日那些東西都會是我的！」

　　然而就在某天，一個至親好友前來拜訪他，忽然送了
他一台筆記型電腦，並且對他說：「我想你在業務上應該需
要。」

　　於是他興高采烈地收下這項禮物，使用這台意外之喜的
筆記型電腦。接著某一天，他突然接到父親的電話，要他盡
快前來取車。一問之下，原來是父親的友人見公司法人車閒
置許久，便讓父親將車開走，而這輛車正是他每天隨身攜帶
的照片上的車款。

這則案例為真人真事，主角是關注筆者部落格的好友，他也在網路書店的讀者書評上留下自己的故事。

沒有付出任何努力，光憑生動地想像就能獲得筆記型電腦與汽車，任何一位全心實踐 R=VD 公式的人，都不難體驗到這樣神奇的結果。我在演講會場上或簽名會上，經常遇見使用 R=VD 公式而順利獲得新款手機、數位相機、MP3、高級名牌包、筆記型電腦、冰箱、汽車等產品的讀者。坦白說，此時我總是用一種平淡的口氣回答：

「既然已經體驗到夢想的力量，期盼未來你能懷抱更遠大的夢想。最好過著像醫學專家張起呂（譯註：韓戰爆發時耗盡積蓄建造醫院，免費為傷者治療，在韓國醫療史上也有卓越貢獻）博士或韓國獨立運動鬥士柳一韓博士那樣，以自身光芒照耀人間的生活。」

對於那些使用 R=VD 公式滿足了物質願望的人，我曾經感到非常痛心。看見那些以 R=VD 公式獲得夢寐以求的名牌包而歡天喜地的人，甚至是獲得他人餽贈昂貴寶石的人，我總是帶著些許的落寞對自己說：「那麼強烈的心理力量，為什麼用在獲得如此微不足道的事物上呢？為什麼不能懷抱更遠大的夢想，想像自己蛻變成比目前傑出數倍的人物，為這個社會做出更多有意義的事情呢？」甚至負氣地表示，在接

下來的《夢想成真的力量 2：實踐篇》中，絕不會再介紹讀者利用 R=VD 公式實現微小夢想的案例。但是現在我不那麼想了，因為我認識了一些藉由實現微小的夢想培養信心，進而相信再遠大的夢想都能一一實現，最後徹底扭轉人生的人物。

如果你目前還無法相信 R=VD 公式，不妨先從微小的夢想開始嘗試，從手機、數位相機、筆記型電腦這類產品著手吧。藉由滿足物質願望的經驗，強化對心理力量的信心後，再向上追求提升成績、求職、升遷、邂逅理想對象等較高層次的夢想。達成這些願望後，再夢想自己在社會上、經濟上功成名就，甚至進一步遵循上天的旨意，將成功的收獲分享給非洲、北韓和國內在社會、經濟上居於弱勢的族群。

不必為了實現夢想，而將自己的希望寄託於宇宙。當然，如果你相信新世紀宗教的前身，即十九世紀起源於美國的宗教運動──新思想運動 New Thought Movement 的教理（將宇宙視為神），這麼做也無妨。將 R=VD 公式視為吸引力法則與否，那都是個人的自由，但是希望你也能對以下事實有所認知。

吸引力法則所積極追求的，是宣揚將宇宙視為神的新思想教會（New Thought Church）的教理。為了更有效地向大眾

宣揚新思想教會的教理，乃利用吸引力法則作為談論實現夢想的方法、愛、感恩、冥想等的工具。

從另一方面來看，你其實不必為了獲得某個東西而冥想。冥想是佛道教的僧侶為了關照內心所做的行為，而不是為了獲得世俗的東西。

你只要下定強烈的決心，永遠懷抱著一顆熱忱的心就可以了。在這世界上，不論是實現物質上的需求，或是獲得實質上的物品，都取決於你的決心。生動地想像那些你目前經濟上無法擁有，卻相當需要的東西吧。從許多讀者的親身經驗來看，照片 VD 技巧在實現這方面的夢想上，似乎有非常顯著的效果，因此我特別推薦利用照片生動地想像。在你視線經常停留的地方，例如手機螢幕、電腦桌面、手札、書桌、鏡子、冰箱等處放上照片，隨時隨地生動地想像。這麼一來，你將可以體驗到 VD 的力量。

{ 在人生低潮期抓住的夢想，將使你騰空飛翔

二〇〇九年的今年，換算韓國年齡為三十歲的一名女性，在去年二十九歲那年，同時實現了成為教授、作家、演說家三個夢想。二〇〇七年初次讀到《夢想成真的力量》的她，當時正處於人生的低潮期。她在

心中暗自決定，要在三十歲以前做出一番偉大的事業，於是辭去人人稱羨的工作回到首爾，然而所有事情卻變得一團糟。當她透過《夢想成真的力量》一書得知 R=VD 公式後，心中立刻產生一股特別的預感，覺得唯有這個公式才能扭轉自己的命運。那天開始，她總是擁著《夢想成真的力量》這本書入睡，這是為了在夢中也能實踐 R=VD 公式。

之後短短八個月內，她就在一家大型出版社出版了自己的作品。書籍上市後，演講邀約陸續找上門來，她也因此成為小有名氣的演說家。去年十二月前往某所地方大學擔任特聘講師時，系主任特地告訴她：「如果您明年起能在本校擔任教授，那是再好不過的事了。」

現在她的月曆上寫滿了過去朝思夢想的行程：報章雜誌截稿日、專欄截稿日、構思新書的前言、報社採訪、雜誌專訪、教會演講、圖書館演講、大學演講、企業演講等等。

近來她重新體悟到 R=VD 公式的真正價值。她夢想在今年年底前，一場演講的酬勞可以領到一百萬韓圜以上，沒想到這個夢想出現不到幾天，就有某所大學邀請她演講，並表示「我們竭誠邀請您前來敝校演講，我們會提供您八十萬韓圜的演講費。」我相信在明年開始前，她已經是一位頂尖的演說家了。

藉由《夢想成真的力量》接觸 R=VD 公式的讀者們，大致上可分為三類：一是將這本書丟在一旁，大呼強詞奪理的人；二是加以實踐並實現夢想的人；三是實踐後不見改善的人。

　　將 R=VD 公式斥為無稽之談的人，想必都有一套自己的世界觀，筆者對他們的想法表示尊重。對於實踐 R=VD 公式而實現夢想的人，值得我們希望為他喝采。問題是實踐了 R=VD 公式，卻沒有得到任何成果的人。筆者希望第三類的人能聽聽以下的建議。

　　「我從沒想過自己竟能毫不費力地實現教授、作家、演說家這三個遙不可及的夢想。對於『不勞而獲』這句話，我一直警戒在心。老實說，我是個性格積極進取的人，我敢自豪地說，至今還不曾經歷過渾渾噩噩的生活。就算是現在，只要接到一項任務，我可以立刻全心全意投入十天、十五天的時間，幾乎每天只睡三、四個小時，一天只吃一餐的程度。在我接觸到 R=VD 公式後，我便將這個公式看作是比生命更重要的事。『將生死置之度外』，這樣形容不知道恰不恰當？如果沒有實現教授、作家、演說家這三個夢想，也許我這樣一個人已經不存在於人間了。我坦白告訴您，我是真的將生

死置之度外，從不曾懷疑夢想即將成真的事實，連百分之一也沒有。只要試過就知道，其實實踐 R=VD 公式並不容易，那是與自己的戰爭。與我過去付出的任何實質上的努力相比，實踐 R=VD 公式所付出的精神上的努力更令人疲憊。人生過得不順遂？年齡不斷增加，卻還是一事無成，心裡覺得不是滋味？現在起，立刻試著實踐 R=VD 公式吧。相信你的夢想一定會成真。」

改變自己的 VD 案例

chapter
2

{ 愛的優先順序由「夢想」決定
而非「外貌」 去年，有一名讀者幾乎每天造訪筆者的部落格，她是二十歲中後段班的女性。在我看來，她的外貌自有其可愛之處，但是就外人看來，似乎並非那麼一回事。與友人順道進咖啡館時，我在咖啡館用了一會兒網路。為了在她的留言版上留言，我特地進入她的迷你網頁，身旁友人見到她首頁的大頭照後，不禁發出「哇，帥哥與野獸！」的感嘆。這句話竟也得到眾人的認同。

在她迷你網頁的首頁上有張照片，照片中有一名外貌就像剛從男性雜誌走出來的男性，身旁一名女性正勾著他的手。在筆者友人當中，除了四名男性以外，其餘皆是年齡超

過三十的女性，看見這張照片的瞬間，所有人紛紛擺出些許嫌惡的表情，開始你一言我一語起來。

「這男生是演員嗎？」

「不像演員，應該是男模吧？」

「大概是在粉絲簽名會上拍的照片吧。」

「這男生也真可憐，這種粉絲跑來要求合照，也不能拒絕她。」

這些不懷好意的閒言閒語，全因我接下來的一句話戛然而止。

「你們都錯了，這是她男朋友。」

女生們全嚇了一跳，臉上表情瞬間呆滯，過了好一會才丟出連珠炮般的問題。

「這女生是富家女吧？」「醫生還是律師？」「她是不是中了樂透啊？」等等。

接下來我的回答，像是把匕首狠狠插在她們心上。

「你們又錯了，這位讀者只是非常平凡的人。如果從經濟或職業方面來看，妳們的條件比她好太多了。」

她們的臉瞬間垮了下來，看樣子是完全無法理解，為什麼各方面條件都比不上自己的人，竟能得到自己不敢奢望的那種完美男人的呵護？順帶一提，她們全是單身一族，當中

也有幾人不曾交過男朋友。我向她們說明這位讀者是如何全心全意地實踐 R=VD 公式，接著繼續說道：

「為什麼妳們還是不可置信的表情？看見這麼令人驚訝的案例，內心深處應該會燃起熊熊的欲望才是啊。就我看來，妳們現在這種態度影響的不是別人，正是妳們自己。現在的妳們，早就對自己說：『連續劇般的愛情，根本不可能在現實生活中發生』。只要心中還抱持著這種想法，就算白馬王子從妳們眼前走過，妳們也不會把它當作是機會。甚至王子早已一腳下跪向妳獻上鮮花，妳們也會說：『我沒有資格！』一邊跑著離開。如果妳們渴望擁有像這位讀者一樣的愛情，就得敞開心房竭盡全力地夢想，並且相信夢想終將實現。不要變成那種連做夢也害怕的笨蛋。」

可惜大約經過一年後，這些人還是沒有男朋友。一如往昔般，被一股陰鬱的氣壓籠罩著。「再這樣下去，連婚也結不成了，該如何是好？」只要聽到某人結婚的消息，就會聚在一起發出像是遭到背叛的哀鳴；聽見誰與男朋友分手的消息，立刻擺出幸災樂禍的表情說：「我早就知道會這樣。」

外貌、能力、財富等所謂外在條件，對男女關係影響甚深。比起窮人、醜女，多金女與美女更容易得到異性的青睞，

這是普遍的常識。但是男女關係有時也像這世間萬物一樣，總有不少脫離常理的例外。外貌媲美選美大賽佳麗的女人，可能遇不到心儀的男人，過了四十歲依然孤家寡人一個；坐擁賓士車的男人，也可能找不到適合的另一半，每天孤孤單單地下班回家。然而也有身無分文、徒有青春的男人將貌比西施的美人娶回家，外表平凡無奇的女人得到白馬王子的求婚。

有些人沒有值得炫耀的外在條件，卻能邂逅自己理想的對象，與對方相戀、廝守一生。只要親自見到這些人，便能了解他們潛意識的信念有多麼強烈，強烈到有些不顧一切。筆者友人認識的人當中，有一位嫁給醫院院長之子的女性朋友。丈夫的兄弟與丈夫的職業，當然都是醫師。令人驚訝的是，她的外貌不但稱不上美女，身材還是偏肥胖的類型，在平凡的家庭中長大，遇見丈夫當時還是個失業者。

透過友人打聽後，才知道她從小開始，便強烈地夢想著嫁入豪門。據說在她年輕時，開口閉口就是「我將來會嫁入豪門，過著無憂無慮的生活！」這時朋友們總會回答：「真想那樣的話，先把妳身上的肥肉減一減吧！」類似的回答聽到她的耳朵幾乎要長繭。幸好她沒有聽信「想要認識有錢人，就得先減肥」這種帶有負面意味的建議，反而是以正面態度

面對，心想「肥胖也好，苗條也罷，我就是會認識有錢人，然後嫁入豪門。」正因為這樣，當某位認識的姊姊詢問她：「有一位目前單身，想要找個伴的男生，有興趣嗎？」時，她並沒有一口回絕，大呼「姊姊，等我先減肥再說」，而是爽快地答應見面。

　　在戀愛、婚姻方面，VD 技巧發揮了相當大的效果。如果還沒遇見理想對象，第一要務是敞開你的心房，相信自己也可以遇見許多心儀的對象。聽聞身邊令人跌破眼鏡的人物與理想對象交往、結婚的消息時，就當作是自己的事情一樣開心，由衷感謝這樣的緣分。將邂逅理想對象的夢想填滿你的心中，尤其是遇見擁有內在美的對象，進而與他／她交往、結婚的畫面。

　　這種想像夢想的行為，本身並不具有任何神祕的力量。VD 是對自身的一種啟發，只要生動地想像，不知不覺中將擁有莫大的信心。而這股信心，正是讓理想對象深深著迷於你的祕訣。

　　希望各位生動地想像有朝一日將認識心地善良的對象，而非財富、外貌等外在條件優越的對象。只要生動地想像與心地善良的對象見面的畫面，內心將變得無比平靜與幸福。

心與心是相通的，只要你能生動地想像，了解你內在美的那顆善良純真的心，將會悄悄來到你的身邊。被人們稱為「命運」的那種緣分，將會害羞地伸出它的手，盼望著與你長相廝守。

{ D（dream）曲線將使你擁有夢幻般的 S 曲線　以下是一位女大學生的案例。在接觸 R=VD 公式前，這名女大學生的體重驚人，連帶也使得她喪失信心。再加上她還是休學生，現正工作賺錢貼補家用。雖然具體情況並不清楚，不過從她描述自己「太悲慘了」、「在底層掙扎求生」的形容詞來看，想必她正進入一般家庭二十多歲年輕人都會經歷的「青春的黑暗期」中，內心感到巨大的煩悶與困頓。

　　但是在得知 R=VD 公式不到幾個月，她的大半人生就被徹底改變了。最重要的是，身旁的人開始以全新的態度看待她，因為她全身上下散發著迷人的自信。她的自信來自於瘦身有成，在實踐 R=VD 公式不到兩個月，她就成功減重將近八公斤。在英語學習方面同樣效果顯著，可以說 R=VD 公式使她收一石二鳥之效。

　　難道她只憑著想像，便成功達到了減重的效果？這點筆

者並不清楚。這個案例並非筆者親自取材，而是引用自網路書店的讀者書評上眾多 VD 成功經驗談的其中一則。在筆者看來，多虧這則故事的主角竭盡全力實踐 VD，因而在潛意識中避免了阻礙 VD 實現的各種行為，例如：喜歡吃高卡路里的食物、沒有運動的習慣等等。

　　沒有實際減肥的行動，只是停留在心中想像的階段，就能讓身上的贅肉消失得一乾二淨，這種情況除非是意志力相當堅強的人，否則任何人都難以達成。我認為腦海中的想像並非夢想，反而更接近冥想。各位想想，生動地想像自己擁有夢幻般 S 曲線的人，豈有坐在椅子上憑空想像減肥的道理？這種人胸中早已燃起高昂的鬥志，沒有理由坐以待「瘦」，應該是發了狂似地運動，連身旁的人都擔心：「你再這樣下去會吐的，先休息一會吧！」

　　其實曾經有類似這樣的實驗。克里夫蘭醫學中心 Cleveland Clinic Foundation 的虞光 Guang Yue 博士曾以多位年輕人為研究對象，要求他們每週五次想像運動到二頭肌鼓脹的畫面，就像職業健身選手那樣。結果顯示，受試者的肌力的確比實驗前高出百分之十三點五。英國赫爾大學 The University of Hull 的大衛‧馬強特 David Marchant 教授將三十位受試者分為三組，分別要求他們在運動的同時，想像（1）肌肉增大的模樣、（2）放置於眼

前的運動器材、（3）肌肉或運動以外的事情。結果發現，第一組的肌肉運動量最大。[58]

這樣的實驗結果確實相當驚人，不過希望各位將此結果當作參考即可。因為即使沒有實際運動，光靠想像身體也會做出反應使肌力提升的實驗結果雖然不少，但是卻未曾有過從 D 曲線轉變為 S 曲線的實驗結果。我想將減肥 VD 實現的過程做出以下的說明。

生動地想像沉重的 D 曲線轉變為夢幻般的 S 曲線。→腦內 RAS 接收到 VD 的影響，開始搜集大量減肥資訊。→竭盡全力落實減肥資訊。→短時間內獲得超乎想像的減肥效果，身體奇蹟似地改變。

你希望擁有夢寐以求的身材嗎？希望過去以失敗收場的減肥，在這次一舉得勝嗎？那就實踐 R=VD 公式吧。找出身材令你稱羨的人，將他們的照片貼在房間牆上，反覆想像自己的身材變成那樣的畫面。這麼一來，你將會看見自己的飲食習慣與運動方式逐漸與他們走向一致。

現在輪到你擁有那樣的身材了。已經有無數見證人利用 R=VD 公式實現他們的心願，而你當然也能實現心願，只要

你生動地夢想。

{使你蛻變為學習天才的 VD 公式

在韓國某份頗具代表性的日報中，曾經出現一則這樣的報導。報導中的主角就讀於鄉下某所高中，卻是在模擬考中排名全國第二的天才。該名學生在報導中表示：「R=VD，我相信只要生動地夢想，就能心想事成。」並且公開制服口袋內隨身攜帶的夢想紙條，上面寫著：「我將維持校排第一的寶座」「入學考試當天輕鬆以對」「過著精采充實的每一天」等句子。

在網路書店的讀者書評中，也有不少利用 R=VD 公式通過測驗的案例：一位從未學過演戲技巧，外表也沒有特別之處，一心嚮往成為演員的學生，最後打敗兩千多位競爭者，成功通過人生第一次的試鏡；大學入學時，暗自期許「雖然這學期無法拿到獎學金，但是在接下來的每個學期，我都要拿下獎學金。我還要以第一名的成績畢業。」並在內心生動地想像的某位大學生，果真在四年內連續獲得獎學金，最後以全班第一名的成績畢業，獲頒校長獎；還有當時不明白自己模擬考成績將近滿分、排名全校第一的祕訣，事後想起，原來答案正是生動地想像。

儘管也有在首度參加的試鏡中打敗兩千多位競爭者，正式通過選拔的奇蹟般的案例，不過多數案例都屬於漸進式的過程。

　　① 從一聽到讀書就倍感壓力的頭腦，轉變為享受讀書、樂在學習的頭腦。
　　② 從態度散漫，甚至意志力薄弱的頭腦，轉變為發揮高度專注力、擁有不屈不撓的意志力的頭腦。
　　③ 進一步修復圖像記憶體的功能。
　　④ 滴水不漏地完成考試的準備，進而奇蹟般地提高考試成績。

　　有句話說：「每個孩子生來都是天才。（Every child is born a genius.）」然而實際發揮天才般學習能力的人，卻是少之又少。學習天才們都有一個共同點，那就是熱愛學習。熱愛學習刺激了他們的頭腦，使頭腦大量分泌天才荷爾蒙。其結果是，連續幾天熬夜讀書也不感到疲累，反而更加充滿活力。

　　讀書令你痛苦萬分？那就實踐 R=VD 公式吧。這麼一

來，一股強烈的信心將油然而生，而信心將大幅激發頭腦的學習能力。持續實踐 R=VD 公式，將會出現什麼樣的改變？頭腦將會逐漸轉變為天才型頭腦。到了這個階段，追求成績提高或入學考試滿分已經沒有太大意義，因為這些已經是必然獲得的結果。也許你還有機會利用這顆進化後的頭腦造福人群，成為歷史上的偉人。請記住，你生來就是天才。

改變事業的 VD 案例

{ **為事業加分的
夢想顧問** 近來我為某家地方中小企業演講。在演講開始前，有一場與該 CEO 的午茶時間，這名 CEO 攤開《夢想成真的力量》對我說：

「這裡面還寫到關於我事業成功的祕訣啊，真令人驚訝。」

他接著告訴我，他在一九九七年金融危機時創業，一路堅持到現在，就在幾個月後，他還打算收購一家規模曾經比自己公司大上數十倍、一度稱霸業界的企業。

幾天後，我前往位於首爾的某家中小企業演講。演講結束後，我與該公司 CEO 一同用餐，也算是提供一種諮詢服

務。該名 CEO 在十年前創業時，公司正面臨極大的危機，但是他並不擔心，因為他深知問題經常來自於內部，而非受外在因素影響的事實。他開始與全體員工共同進行 VD，結果所有問題竟一一迎刃而解。目前他所帶領的企業，在整個業界占有舉足輕重的影響力。

在韓國，最積極接受 R=VD 公式的地方，就是企業。不論是中小企業，還是大企業，全都積極響應《夢想成真的力量》。韓國最具代表性的企業，如三星、LG、SK 等，莫不透過公司內部廣播及演講等方式大力推廣 R=VD 公式。尤其三星 SDS 與 LG Dacom 的 CEO 們，更在接受大眾媒體的採訪時，公開推薦《夢想成真的力量》為必讀書籍。也有不少 CEO 邀請筆者進行一對一的 VD 教育。

一位 CEO 對於創業者著迷於《夢想成真的力量》的原因，做了以下的詮釋。

「即使用了最優秀的人才，以最頂尖的技術與最精準的數據製造出最棒的產品，也可能得不到市場的支持，這樣的情況不勝枚舉。但是一心希望感動顧客的人所做出的產品，即使在各個方面有些許瑕疵，依然能在市場上熱賣。這類產品反而能夠獲得顧客熱烈的迴響，維繫企業的命脈。**企業家們深知夢想的力量，卻又容易在轉瞬間遺忘，而《夢想**

成真的力量》正是一本重新喚醒企業家莫忘夢想力量的好書。」

顧客買的不是產品或服務，而是產品製造者或服務提供者的心。深切明白這個道理的企業，總能在市場上呼風喚雨；不明白這個道理的企業，就算曾經稱霸市場，最後也會從市場上消失。CEO 的情況也是如此。公司上下員工追隨的不是 CEO 這個人，而是 CEO 擘劃出的夢想藍圖。了解這項道理的人，總能在最高的位置上屹立不搖；不了解這項道理的人，最後只能面臨被淘汰的命運。

在企業經營方面，最重要的是愛與感恩。心中充滿對顧客的愛與感恩的企業，自然會站在顧客的立場為顧客著想、付出。面對任何一場會議、任何一個公司製造販售的產品、任何一通顧客抱怨的電話，都心存愛與感恩。這樣的公司，豈有無法成長的道理。

世界經濟發展日趨艱困，在這波不景氣中，企業所犯下最大的錯誤，就是將經營重點放在企業的生存。如果上至 CEO、下至全體員工，所有人將注意力集中在生存 VD 上，最後將演變成什麼情況？答案是：企業將僅止於在市場上勉強生存。

越是艱困的時期，越需要將經營重點放在偉大的目標

上，如此才能超越單純的生存，使企業大獲成功。能在不景氣中勉強生存下來，代表具有在經濟繁榮期一飛沖天的潛力。其實在不景氣告一段落後，許多企業立刻展現出爆發力十足的成長趨勢，這些企業通常具有一個共通點，那就是將經營重點放在偉大的目標上。

企業的成功，從打動顧客內心的產品與服務開始。該如何打動別人的心？要打動別人的心，首先得打動自己的心。必須由衷感謝這個世界上還有其他人存在的事實，發自內心流下感動的眼淚。這是企業經營為什麼不能自外於愛與感恩的原因。

去年我向某大企業的組長傳授對顧客散發愛與感恩的VD方法。這名組長為攸關公司未來的企劃吃盡苦頭，甚至因此出現圓形禿（俗稱鬼剃頭）的症狀。無論他與組員再怎麼絞盡腦汁，也想不出絕妙的對策，幾乎到了得接受精神科醫師治療的情況了。我要求他暫且放下任何與企劃相關的想法，建議他試著將以下的畫面填滿心中。

① 將自己充滿愛與感恩的心毫不保留地送進顧客的心中，因此感到無比幸福的模樣。

② 永遠發自內心愛護顧客，顧客也永遠發自內心愛護

自己的模樣。

③ 與無數的顧客聚在一起開心跳舞的模樣。

④ 收到數百位、數千位顧客送來的鮮花，激動地流下感激的眼淚，久久不能平復的模樣。

⑤ 收到數以萬計的顧客寫來的感謝函，內容寫道：「感謝您為我們製作出這麼棒的產品。」的模樣。

⑥ 聽到不計其數的顧客對自己說「你讓我感到幸福！」的模樣。

開始生動地想像愛與感恩的他，不久後便成功完成交辦的企劃。從這次的經驗中，他有了全新的體悟：公司任何一項業務，都應該是為了讓人類過得更幸福而執行的。至於圓形禿的症狀，自然消失得無影無蹤了。

如果所有企業員工，都能生動地想像將真正的愛與感恩傳達給顧客的模樣，那麼這個社會將如何改變？光是想到這裡，不禁讓人洋溢著幸福的笑容。

｛利用 VD 化身為讓顧客瘋狂的超級巨星

在某家外商壽險公司演講時，曾經有這麼一段故事。演講結束後，我與 FC（投

資理財顧問）們分享 VD 經驗談。其中一位 FC 表示，他擔任 FC 不到三年，便升遷到全國分店中業績最好的分店店長一職，其祕訣就在於 R=VD 公式。同時他坦言，自己是「招徠顧客的 VD 技巧——高級課程」的忠實支持者。

在筆者的讀者當中，有一位畢業於首爾大學牙醫學系，曾經開設牙醫診所，後來轉行進入保險業界的讀者。雖然保險收入只有開設診所時的十分之一，但是他喜歡與人群接觸，縱使是銷售工作也樂在其中。每個星期二，他都在 Purme 基金會的「分享牙科」為身障者免費看診。他擁有相當優異的業務能力，曾創下最短時間內進入 MDRT ^{百萬圓桌會議} 的紀錄。他表示，祕訣就在於 R=VD 公式。

在筆者的友人中，有一位專門研究銷售心理學。對於那些姓名無人不知、無人不曉的國內傳奇業務員的銷售技巧，他投入了好幾年的時間進行長期研究。他發現，雖然每個人的個性不同，銷售技巧也不盡相同，不過心態卻是一樣的。他將傳奇業務員的態度稱為「PCS ^{Perfect Conviction System}」，強調創造 PCS 的決定性關鍵，正是《夢想成真的力量》書中的 VD 技巧。

顧客買的不是業務員大力推薦的產品，而是業務員本身。若非如此，就無法說明為何賣的是同一公司生產的同一

商品，有人可以成為頂尖業務員，有人卻只是平凡的業務員。

那麼，顧客買的是業務員的什麼？答案是自信。一位就算業務員的資歷只有一天，卻總是信心滿滿地認為自己目前所做的工作，是一份提供顧客乃至於全體人類改變生活的機會，另一位業務員資歷有十年之久，卻明顯缺乏自信，顧客會與這兩人當中的哪一位簽約？就算我沒有給答案，相信各位也能立刻回答。

如果你內在缺乏自信，請務必在拜訪顧客前實踐「招徠顧客的 VD 技巧」，即使只有十分鐘也好。只要生動地夢想，你就能體驗到心境的改變、臉上表情的改變、聲音的改變與態度的改變，也能感受到埋藏在潛意識中害怕被拒絕的憂慮，瞬間轉變為光芒四射的自信。其實我曾經讓許多業務員嘗試這個簡單的 VD 技巧，結果銷售能力大幅提升三到五倍。

有些人外表看來一切正常，卻因埋藏在潛意識中不為人知的自卑感，而無法成為頂尖業務員。顧客的眼神是銳利的，他們一眼就能識破缺乏自信的業務員。這不但會造成顧客對業務員的信賴度大打折扣，還會落得契約簽不成的困境。

期盼你的內心充滿光芒四射的自信。你目前從事的工作，是世界上最棒的工作之一。若非如此，首爾大學牙醫學系畢業，還曾經開過牙醫診所的人，就不可能轉行當業務

員。從頭到腳充滿強烈自信的業務員，最終都能獲得成功。IBM 創辦人老華生（Thomas Watson Sr.）與韓國熊津集團（Woongjin Group）創辦人尹錫金，就是最具代表性的人物。這兩位正是所謂全身上下散發光芒的業務員。

用光芒耀眼的成功 VD 包裝你自己，生動地夢想未來吧。想像不管遇見什麼樣的顧客，都能與他成為好友的情況吧。如果心中沒有充滿堅定的信念，倒不如別與客戶見面來得好，因為這只會落得向顧客乞求簽約的窘境。真正的業務員有信心向顧客展現一個全新的世界，他確信自己將能改變顧客的生活，甚至是顧客的一生。顧客感受到這股信念與自信，即使是素昧平生的人遞出的產品契約，也會爽快地蓋下印章。

如果你渴望成為名氣不亞於藝人的超級頂尖業務員，務必要實踐「招徠顧客的 VD 技巧」。向那些帶領公司走向全球化企業，打造專屬於自己的銷售帝國的偉大業務員學習。學習他們的信念、他們付出的努力、他們的成功的祕訣，再以此為基礎，開發你自己獨具創意的銷售技巧。不要以國內第一為目標，要以世界第一為目標。如今韓國不也該出現幾位世界級的銷售巨星了嗎？這麼說來，你可是肩負了整個民族未來的重任。所以說夢想總令人著迷，因為起初的一點星

星之火，總在不覺間演變成延燒世界的燎原大火。

扭轉貧富差距的 VD 案例

chapter
4

{ 投資夢想而得以買下房屋的
超強「夢想技術」 在網路書店上的讀者書評中，
有一則這樣的經驗談。一位讀者家境困難，就連房屋歸還屋
主的日子迫在眉睫，他也沒錢搬家。然而就在某天，他讀完
這本《夢想成真的力量》後，緊緊將書抱在懷裡哭了好一陣
子。從此以後，他日復一日努力實踐 R=VD 公式。別說是文
字 VD、照片 VD、呼喊 VD，甚至影片 VD 也沒有錯過。他
夢寐以求的房屋，是一棟附有閣樓的雅緻小屋。而現在的他，
就住在自己夢想中的那棟房屋裡。

另一則故事，同樣也是網路書店書評中的讀者經驗談。
這位讀者想買一間單人套房，但是沒有任何預算。儘管如此，

他並沒有放棄這個夢想，而是到處打聽房屋的消息。某天，他發現了自己心儀許久的單人套房，可惜這間套房已經有了主人，而他也沒錢購屋。每次經過這間單人套房時，他總是將雙手貼在房屋外牆上，生動地夢想自己住在這間套房內的模樣。不久後，他果真住進這間單人套房。親戚償還向他借貸的錢，等購屋的錢備齊後，他立刻打電話給不動產公司，沒想到房屋仲介向他介紹的，竟是他曾經生動地夢想的那間單人套房。他在讀者書評中也表示，R=VD 公式甚至使他進入夢寐以求的公司。

在讀者書評中，這類在經濟條件不允許的情況下實踐 VD，最後住進渴望已久的屋子的案例，占整體 VD 經驗談中最大的比例。也許對人類來說，最迫切的問題之一，就是解決居住的問題吧。

那麼，以下的 VD 有可能成為 R 嗎？一個平凡的小老百姓，住進江南區百坪大高級別墅的夢想。筆者敢打包票說，這個 VD 也能成真。事實上，有不少人十多年來夢想擁有能住進那棟別墅的大筆財富，並且實際創辦能夠賺進那筆巨款的事業，最後真的住進江南區的別墅村裡。但是如果辦不到的話，只能等著別人免費贈送那樣的別墅。這個情況要能成真，得先有個經營大財團的朋友，還必須是肯心甘情願將

百坪大別墅或十層樓建築送給你的朋友。如果沒有這樣的朋友，夢想成真的機率幾乎為零。一個平凡的小老百姓，憑著努力不懈的想像，就能住進江南區百坪大高級別墅裡，這樣的案例別說在韓國，就算在全球也是前所未有的。

　　對 R=VD 公式有所誤會的人，以為只要努力地想像，就能實現所有的夢想。雖然也有光憑想像就能實現的案例，不過一般都是較單純的願望，然而在這之上更大的夢想，可不能光憑想像。例如夢想得到一台筆記型電腦，即使沒有付出多大的努力，也可能光憑想像獲得。但是，如果情況換做是一紙筆記型電腦代理合約或一間三星電子等筆記型電腦製造大廠呢？只要在心中生動地想像，就能成功擁有嗎？如果是超能力者，也許還有可能，但是本身具有超能力的人，就沒有必要閱讀本書了。那麼，難道光憑內心的力量，尚不足以獲得筆記型電腦代理合約或擁有筆記型電腦製造大廠等大型事業體嗎？不是的，這種情況絕對有可能發生。只要你發自內心真誠地夢想自己獲得筆記型電腦代理合約或擁有筆記型電腦製造大廠，同時衷心期盼自己擁有實現這些夢想的能力，並且為了獲得這個能力而用盡各種努力的話。

　　你有夢寐以求的那種房屋嗎？那種在心中閃閃發亮的夢想之屋 Dream House。把那棟房屋的具體模樣寫在筆記本上，並

且製作一本夢想相簿，看著照片生動地想像吧。這麼一來，有朝一日你就能真的住進這間房屋。

｛利用 VD 公式累積財富

在筆者友人中，有一位白手起家賺進百億韓圜財產的有錢人。他也是筆者的讀者，有時也會為他的追隨者開班傳授致富之道，而他的課程也多次受到大眾媒體的報導。他所主張的致富之道，其實相當簡單。

「發自內心生動地想像自己家財萬貫的模樣吧。除此之外，還要向有錢人學習致富之道，並且為累積財富付出所有的努力。」

在我固定上的教會裡，有一位名氣響亮的投資者。有一次，他在教會青年面前如此說道：

「上週投資失利，虧了一些錢。」

其中一位年輕人問：「虧了多少啊？」他回答：「差不多二十億韓圜。」教會青年嚇了一跳，連忙問道：「執事，這該怎麼辦才好！」這時他以一副若無其事的表情回答：「沒關係，這週有機會賺進八十億韓圜。」一面安撫他們。除了熱衷於工作，甚至連身旁同事都說他嫁給了工作的程度外，他也是個想法天馬行空的人，還被取了一個「四次元」的綽

號。關於賺錢，他提出一個相當有意思的建議。

「錢不是賺來的，是撿來的，你的眼裡得看見它。想像錢是你身體的一部分，那麼你就會開始看見四處滾動的錢。到了這個時候，你只需要把錢撿起來就行了。」

去年在某家機關演講時，聽見了某位讀者的真情告白。當時演講後接著進行簽名會，一位白手起家賺進千億韓圜的富豪希望與我握手，並對我說：

「聽您演講的過程中，我不知流過多少次眼淚。您說得沒錯，成功立足在這個世界上，並且成為頂尖富豪的祕訣，正是從 VD 開始。親身實踐 VD，才能發了瘋似地全心投入事業，也才有勇氣面對決定人生成敗的挑戰。即使輸得一敗塗地，變成窮光蛋一個，也能鼓起勇氣東山再起。聽您談論 VD 時，過去那段歲月的挑戰、失敗、成功，彷彿跑馬燈般不斷出現在我的腦海中，使我無法克制自己的情緒。聽完演講後痛哭流涕，還是我生平頭一遭。」

根 據 美 林 投 資 銀 行（Merrill Lynch Global Wealth Management）與凱捷顧問公司（Capgemini）共同發表的《二〇〇七年亞太區財富報告（Asia-Pacific Wealth Report）》顯示，韓國擁有百萬美元以上資產的富豪，約有九萬九千人_以〇六年年底為基準。從統計上的數據來看，有錢人只占國內人口

的極少數。有句話說，只有極少數的人深知致富之道。雖然親身嘗試就能知道，不過越是白手起家的人，越是認同R=VD 公式的效果。

甚至可以說，R=VD 公式獲得他們壓倒性的支持，並且狂熱地實踐之。相反地，越不是白手起家的人，對 R=VD 公式越是抱持懷疑的態度。他們相信唯有金錢能讓人致富，而非竭盡全力生動地想像。在我看來，《二〇〇七年亞太區財富報告》就是一本《R=VD 報告》。在這份具體可信的資料中，顯示了韓國深知致富之道的人寥寥可數的事實。

《夢想成真的力量》的致富 VD，是白手起家創業的人共同具有的思考方式。安德魯‧卡內基、洛克斐勒、比爾‧蓋茲、華倫‧巴菲特、李嘉誠、孫正義、齋藤一人等筆者在介紹致富 VD 時列舉的人物，全是成功的企業家。而以上介紹的三位富豪，同樣也是以自身事業創造財富的人物。

光憑心中生動地想像，就能平白獲得財富，這類案例不在少數。不少讀者曾經告訴我，他們沒有付出太多努力，只憑心中生動地想像，實際上真的得到那樣的財富，少則一百萬韓圜，多則甚至五億韓圜。

然而這些人都有實現那種夢想的前提：一百萬韓圜是父母給的；一億韓圜是婆婆給的；三億韓圜是投資人給的；

五億韓圜是事業有成的子女給的。如果他們沒有竭盡全力實踐 VD，便難以撼動家人、親戚，甚至是投資人的心，因此他們給予 VD 極高的評價。但是有一點必須特別注意，這些有先決條件的 VD 案例，可能會造成部分讀者的誤解。

在我夢想的世界裡，以致富 VD 白手起家的人，都能化身為心存大愛的聖人。我希望那些成功模式類似李秉喆（三星集團創辦人）或鄭周永（現代集團創辦人）的成功者，都能讓自己成為像柳一韓那樣的成功者，所以我舉安德魯・卡內基為例，他認為「坐擁大筆財富死去，是最大的羞恥」，因此臨終前將所有財產捐贈給教會與社會，這樣的精神足以作為值得安心介紹的財富導師。同時我也出版《幸福的達人》一書，集中介紹柳一韓式的成功人物。

你是否因為貧窮而過著苦不堪言的生活？你是否因為缺錢而休學，整天打零工賺取最低工資？你是否為了維持生計而勉強自己在不喜歡的公司上班，辛苦忍受惡劣上司的不當對待？經濟能力每況愈下，別說是存錢，連下一餐餬口的錢也沒有？想到孩子的學費和自己的退休生活，不禁感到天昏地暗，心頭一陣酸楚？希望做點有意義的作為，卻沒有足夠的資金，只能枯等贊助者出現？

如果是這樣的話，請去拜訪那些白手起家的企業家，向

他們學習 VD 技巧。成為韓國的富豪，代表擠進五千萬人中的前九萬九千人內。即使只從勞動人口來看，也是兩千四百萬人中的前九萬九千人。在這九萬九千人當中，扣除財產繼承者或藉由投機活動獲利的人，真正白手起家的有錢人，其實比想像中來得少。換句話說，想要以平凡人的思考方式致富，恐怕比登天還難，同時也意味著舊有的生活方式不應該繼續下去。你目前所有的一切，都必須有革命性的改變。

向懶散怠惰的生活、缺乏熱情與挑戰的生活說再見，勇敢走向白手起家的道路，征服過去使你與家人痛苦不堪的金錢。當然，最好效法聖珠集團（Sungjoo Group）的創辦人金聖珠女士，用正正當當的方式致富，當你成功致富後，再仿傚柳一韓博士那樣，凜然無畏地追求精神上的成功。

現在輪到你了

一九一〇年，有一位夢想成為菲律賓總統的人，他的名字是曼努埃爾·奎松（Manuel Luis Quezón）。透過拿破崙·希爾的介紹，R=VD 公式走入了他的生命中。

雖然奎松對此公式頗感興趣，但是他並沒有立刻實踐 R=VD 公式。二十四年後，他的夢想依然尚未實現。就在某天，奎松想起了二十四年前接觸到的某個公式。抱著垂死掙扎的心，奎松開始認真實踐 R=VD 公式。這麼一來，眼前的道路遂逐漸寬廣了起來。親眼見證夢想公式效果的奎松，更加投入實踐 R=VD 公式。不久後，他果真成為菲律賓首任總統。[59]

就像一九一〇年的曼努埃爾·奎松那樣，R=VD 如今正

走入你的生命中，透過二志成這個人的介紹！

　　你會選擇怎麼做？是像一九一〇年的曼努埃爾·奎松那樣，雖然對夢想公式感興趣，卻立刻拋諸腦後？還是像過去閱讀多本成功學書籍時那樣，在閱讀時深深感受到對改變的渴望，然而闔上書本後，卻又忘得一乾二淨，繼續過著一成不變的生活？

　　希望闔上本書的你，不會重蹈一九一〇年曼努埃爾·奎松犯下的錯誤，更不會像物理學家瑞史那樣，雖然具備了成功的條件，卻因為不懂得如何生動地想像而造成千分之一的誤差，使他不得不面臨失敗的命運。

　　相信各位都知道，這個世界上迫切需要援手的人多如牛毛。如聖人般拋棄自己所有的一切，為芸芸眾生奉獻自己的生命，這當然是最令人敬佩的選擇。但是身為人類的怯懦使你無法這麼做的話，那就實踐 R=VD 公式吧。利用夢想公式實現你的夢想，成為一位成功者，成為一位名人，成為一位有錢人吧。那時再用你的力量為社會服務，全力打造貧困者與弱勢族群得以幸福生活的社會吧。今日懷抱成功夢想的你，明日將懷抱聖人的夢想。

生動地 Vivid **作夢** Dream **，便能心想事成** Realization 。

在寫作過程中，我經常向上帝祈禱。每天一次，每次一分鐘以上，誠懇地。衷心感謝上帝聽見我的祈禱，若本書能獲得任何榮耀，都將歸功於上帝。

在寫作過程中，父母虔誠地為我祈禱。雖然他們曾極力反對我當一名作家，現在卻給我最溫暖的支持。感謝您兩位。

我要特別感謝「二志成 with（譯註：由各行各業與大學生等人組成的共同執筆團隊）」，感謝你們時時監督本書的方向，並為我蒐集許多資料。

感謝透過部落格、電子郵件、簡訊等方式為我加油打氣的各位讀者們。

從原稿完成十頁左右開始，便了解這份原稿的價值與深

信作者的潛力，特地從坡州趕來城南市的國一出版社金宗遠主編與所有相關人員，感謝你們。

本書主題的 R=VD 公式，乃是出自《魔女更性感》（譯註：無中譯本）一書第二十七頁女高音金貞媛所說的話。她說：「有一個公式是 R=VD，生動地 vivid 夢想 dream，就能心想事成 realization。試試看吧。」感謝《魔女更性感》的作者金順德與其出版社，以及女高音金貞媛。

功成名就的「他們」，
「夢想」與眾不同。

　　我認為「夢想」是上帝賜與人類最美麗的禮物之一，我們天生就懂得做夢。小時候，我們心中塞滿了各式各樣的夢想，夢想使我們每天的生活精采萬分。但是不知從何開始，我們眼中再也看不見夢想，取而代之的是現實生活，從此以後，生活變成了緊張又痛苦的事。該是找回童年時期那份純真的時候了。我們必須放眼夢想而非現實，相信夢想而非現實，追求夢想而非為現實所困。

　　過去十六年來，我調查了兩千多位在不可能的條件下實現遠大夢想的人，得出「他們與眾不同」的結論。與平凡人相比，他們的思考方式、說話內容、行為舉止截然不同。

　　令人振奮的是，我所調查的兩千多人中，多數人一開始

並不特別，更具體來說，許多人貧窮、缺乏能力、不擅長人際應酬、受自卑感所苦。甚至有不少人無法承受多次慘痛的失敗，最後嘗試結束自己的生命。然而他們都有一項特徵，那就是像傻瓜一樣相信夢想。不得不放棄時，他們更要向前。他們就像 KFC 的創辦人哈蘭德・桑德斯（Harland Sanders）上校一樣，即使被第一千一百零一位投資人拒絕，仍然帶著陶醉在夢想中的幸福表情，繼續尋找第一千一百零二位投資人。

他們的故事深深感動了我，因此我將他們的思考方式整理為一個公式。然而出乎意料的是，這個公式竟引起部分讀者的誤會，甚至有人將這個公式與吸引力法則混為一談。所謂吸引力法則，是指新世紀宗教的起源，即十九世紀美國宗教運動——新思想運動的教理。我認為有必要導正這個誤會，因此我刪減將近五十多頁的分量，重新編寫新的內容，出版了《夢想成真的力量》修定增補版。這一切全是因我個人思慮不周。

出版修定增補版的說明就到這裡，接下來讓我們看一則感動人心的 VD 故事。

那是發生在距今數十年前的事。

韓國一位高中生前往白宮參訪。

結束與各國學生的共同參訪後，所有人坐在指定的座位上，隨後美國總統現身，向現場學生發表歡迎演說。演說結束後，總統走下講臺，開始與學生們一一握手。最後輪到代表韓國的學生與總統握手。

此時，美國總統向這名學生問道：

「你的夢想是什麼？」

這名學生簡明扼要地回答：

「外交官！」

當時美國總統的名字是約翰·甘迺迪，這位學生的名字是潘基文。[60]

為你的夢想喝采！

R=VD 公式改變了我！

第一次接觸到這本書的時候是抱持著半信半疑的態度的，光靠想像就能成真？那這世界上豈不就沒有實現不了的心願？然而看完書後才了解，原來不是只有想像，而是要以「逼真的」、「利用五感」、「幾乎分不清現實還是幻想」的程度來想像，才會實現。現在起我要開始在筆記本上寫下我的夢想。Central

最近我的心情很差，人生彷彿陷入了低潮，遲遲無法走出，然而當我再次拿起這本書時，神奇的是負面情緒逐漸掃除，取而代之的是充滿陽光的正面能量，我認為這就是這本書的優點。能夠給予安慰、希望與勇氣，我想推薦給目前正在服役中的弟弟，心情盪到谷底時可以拿來翻閱，重拾人生希望。**粉紅豬**

我想這本書的主旨「逼真想像」，是希望你可以切實渴望自己所想要實現的目標，進而想盡辦法達成實現，所以實現的機率也會提升數萬倍吧。就我個人而言，這本書讓我朝向今年設定的目標更跨出了一步，當初設定的一年讀一百本書，以及每週寫一本書的書評夢想終於達成畫下了完美的句點。Kimis

我從今天開始執行了照片 VD，兩張照片分別貼在床鋪旁的牆壁，以及隨身攜帶的手冊裡，只要一有空就可以隨時拿出手冊看著照片逼真地想像，睡前五分鐘、十分鐘也會看著床鋪旁貼著的照片幾近所能地想像。目前只是處於剛開始的階段，等我真的達成夢想時我會再與大家分享喜悅 ^^ rlagpals2323

透過這本書我獲得了正面的能量。雖然《祕密》的概念與這本書類似，然而《祕密》反而比較讓我有排斥感，總覺得有些神祕怪異。但這本書會帶給你確實的正面能量，能夠對未來抱持希望，夢想未來。至今每次只要遇到想要放棄的時候，就絕對會拿出來翻閱的一本書。fldh2

這本書是我高中一年級時陪伴我度過住宿生活的精神糧食，十七歲那年，我沉浸在沒能達成夢想的失落感當中，也受到父母、老師以及宿舍前輩們的壓迫與冷眼，當時我看不到一絲希望，甚至對人生感到絕望，然而在學校圖書館裡發現這本書後，從此便找回了自信。hyeonjeong4004

閱讀《祕密》時我是二十歲後半段的大學生，現在的我則是每天為生活感到不安的三十歲出頭職場人士，大學時期的我總認為什麼事都能順利，未來前途一片光明，但是現在的我，反而是一事無成。當初設定的目標沒有一項達成，我想要是大學時期閱讀的是這本《夢想成真的力量》而非《祕密》的話，結果一定就

不會是現在這個樣子了。這本書與《祕密》最大的不同之處就在於並非光想就會實現，而是要逼真作夢。因為逼真地做夢會使你提升實現夢想的能力，最終當然就會接近想要達成的夢想，真正渴望夢想的人，也絕對不會在家坐以待斃。**馬上閱讀**

透過書中豐富的案例介紹，以及作者個人的經歷，強調生動地做夢是實現夢想的首要原則，我自己其實也有一個夢想，那就是成為一名能夠帶給讀者感動的小說家，然而現在的我離成為小說家還有一大段距離，每次只要翻一次這本書，我就會再一次地生動地描繪自己的夢想藍圖，我也非常期待夢想成真那天的到來。加油！paulpark

《祕密》強調的是吸引力法則，只要靠心想與禱告便能事成，然而我們的心是容易墮落懶散的，所以那本書看完並不會讓我想要付諸於行動，但是這本書多了一分功能感，從心想到實踐，它有教你確實可以執行的做夢方法，中間也會不時地提醒你，除了想像也一定要付出實際努力。所以我很喜歡這本書。**藍雨**

三年前接觸這本書時，我發現原來自己已經在使用書中所介紹的方式實現夢想了，我很喜歡邊走邊看路上的名車、豪宅、豪華社區，並想像著未來這些東西都屬於我的畫面，當下每次都會感到興奮不已，也毫不懷疑地深信總有一天一定會實現。但是書中還有強調要更頻繁、具體、迫切地渴望夢想，所以讀完這本書

後會讓我產生「我也絕對可以！」的希望，是一本影響我很深的書。Deep Pocket

我非常同意作者的觀點，只要逼真地去想像，自然就會匯集關於那項目標的能量或專注力，所以抓住機會的機率自然也會提高，當然，作者也不忘提醒讀者，不能沒有努力，落實於行動的努力是最基本的必備條件。blueoroshi

我的爸爸住院了，為了讓他在醫院時可以翻閱，我買了這本書送他，爸爸說他花了三天時間反覆仔細閱讀，也推薦我們一定要看。後來自己在看書時，體會到原來我們隨著年齡的增長，已逐漸安逸於生活，忘記過去的夢想，甚至忘記如何作夢。這本書讓我增加了「我也能做到」的信心，爸爸也重拾了恢復健康的希望，在絕望的時候這本書成了我們一家人最大的希望。choochooj

原來在我高中的時候也有用過書中介紹的方法，當時的我，瘋狂地想像自己得到好成績、比賽拿下冠軍的畫面，最後也確實奪下了二十多張獎狀，就連成績本來不是很優秀的數學，也是靠我想像數學絕對會變好的自信學起來的，所以我很認同作者主張的理論，未來也希望自己能夠持續運用這套方法逐一達成更多心願。**大頭水滴**

昨天讀完書後我就馬上用行動實踐了！我想像自己是一位小說作家為讀者簽名的畫面，光靠想像就覺得好幸福。但是就在今天早上！我嚇到了，當我確認電子信箱的時候，竟然收到了電子書出版的提議，天啊！竟然有這種事！各位不妨也試試看呢？反正試也不用錢，哈哈！**今日我**

雖然一開始接觸時會認為與《祕密》的內容類似，但是我個人會更相信 R=VD 法則。閱讀的過程中因為可以看到許多驚人的名人實例，所以會使你捨不得放下這本書，彷彿自己就是書中的主角般真實。不知從何時開始，我變得極度負面又悲觀，甚至就連經常聊天的朋友群組也都是負面情緒居多，那些抱怨使我的生活變得烏煙瘴氣，自從看了這本書後，我決定先從脫離這些充滿負面能量的環境開始，執行 R=VD 法則。holmes14

如果有人問：「什麼行為會決定一個人的未來？」我會請對方一定要記得：「相信正面力量，認真做夢就會實現。」這本書讓我有了深刻的反省，為什麼過去總是那麼的悲觀，一心只想逃避現實而非夢想未來，所以從今以後，我會每天開始作我那美麗的夢想。sunf7301

最近有兩個人令我感到非常討厭，他們的一舉一動都會成為我的眼中釘，但是當我接觸到這本書後，我就試著照作者所寫的，盡全力想像與他們和睦共處的畫面，包含他們稱讚我，以及一同

參與活動的畫面，神奇的是就在隔天，突然有機會要和其中一位聚餐，最妙的是當天聚餐時我們也現場化解了過去對彼此的誤會，再隔一天也自然與另外一位和解了。這是一本會讓人心動的書，讓人充滿希望的書，現在的我也依然繼續想像……hbr0514

印象深刻的一本書，很有趣，有時還會有些小感動。讀完之後我將我的夢想大大地寫在我的隨身手帳上，然後每天早上都會大聲刻意地將它朗讀出來，並想像自己達成時的模樣，以後我也會持續下去。這是一本易於執行的書。arinzoa

在讀這本書之前我的人生平凡無奇，但是讀完這本書後我開始對自己的人生充滿自信，並給了我非常大的勇氣，不曉得是不是因為閱讀時剛好處於人生低潮的關係，會更有感覺。現在的我正努力實踐著 R=VD 法則，強力推薦給大家！blue00tt

讀完這本書後我做了好多事情，首先是換了手機螢幕畫面，也準備了一本小筆記本，接著就是 R=VD，我想要真心地渴望並認真地讀書，這樣在機會來臨時才不會錯過，這本書對我影響很深，十分感謝。**熊貓眼**

* 本書出現的案例，是依據下列資料中的內容改寫。

1.《從內做起：發展自己的領導力（Developing the Leader Within You）》，約翰·麥斯威爾（John C. Maxwel）（無中譯本）

2.《跳脫巧合（Beyond Coincidence: Amazing Stories of Coincidence and the Mystery Behind Them）》，馬汀·普里墨（Martin Plimmer）、布萊恩·金恩（Brian King）。（無中譯本）

3.《機會是給一無所有的人（Winning 101: Insight and Motivation to Help You Achieve Excellence）》，凡·克勞奇（Van Crouch）。（無中譯本）

4.《做你想做的事（Discovering Yourself: Living the Work You Were Meant to Do）》，奧里森·斯威特·馬登（Orison Swett Marden）。（無中譯本）

5.《雅詩·蘭黛：一個成功的故事（Estee: A Success Story）》，雅絲·蘭黛。（無中譯本）

6.《希臘船王歐納西斯（Onassis）》，弗利許豪爾（Willi Frischauer）。（無中譯本）

7.《Success Partner》2004 年 10 月號

〈21 世紀成功素描，畢卡索與船王歐納西斯〉，Newsprism（2006.11.17）。

8.《隱藏的權力者：第一夫人（Hidden Power: Presidential Marriages That Shaped Our History）》，凱迪·馬頓（Kati Marton）。（無中譯本）

《賈桂琳歐納西斯：永遠的第一夫人（Jackie Style）》，潘蜜拉·克拉克·基爾（Pamela Clarke Keogh）。（臉譜出版，2001）

9. 《80/20 生活經（Living The 80/20 Way: Work Less, Worry Less, Succeed More, Enjoy More）》，理查·柯克（Richard Koch）。（大塊文化，2005）

《史蒂芬·史匹柏：我不會一輩子就這樣（Steven Spielberg: A Biography）》，喬瑟夫·麥克白（Joseph McBride）。（高寶出版，2001）

10. 《邁向成功的第一本書（How To Think Like A Millionaire）》，馬克·費雪（Mark Fisher）、馬可·愛倫（Marc Allen）。（新路出版，2000）

11. 《希臘船王歐納西斯（Onassis）》，弗利許豪爾（Willi Frischauer）。

12. 《酒店帝王：希爾頓傳奇（Be my guest）》。（無繁體中譯本）

13. 《心靈雞湯（Chicken Soup for the Soul 2）》，傑克·坎菲爾、馬克·韓森。（晨星出版，1996）

14. 《華特·迪士尼》，約翰·馬修斯。（1984 年出版，為 Human Power 叢書第 41 本）

15. 《勇於戰勝：迎接生命中所有的挑戰（Dare to Win）》，傑克·坎菲爾、馬克·韓森。（智出版，1998）

16. 《欲望自足（The Spontaneous Fulfillment of Desire: Harnessing the Infinite Power of Coincidence）》，狄帕克·喬布拉（Deepak Chopra）。（無中譯本）

17. 《我的人生思考 1：意念的力量（As a man thinketh）》，詹姆斯·艾倫（James Alfred Van Allen）。（小知堂，2002）

18. 《就是要成功：為成功創造條件（The Success Principles: How to Get from Where You Are to Where You Want to Be）》，傑克·坎菲爾、珍妮·斯威茨（Janet Switzer）。（無繁體中譯本）

19. 《莫札特的腦袋與戰機駕駛員（Mozart's Brain and the Fighter Pilot: Unleashing Your Brain's Potential）》，理察·瑞斯塔（Richard M. Restak）。（無中譯本）

20. 《鋼鐵大王卡內基自傳（The Autobiography of Andrew Carnegie）》，安德魯‧卡內基（無繁體中譯本）

21. 《思考致富聖經（Think And Grow Rich）》，拿破崙‧希爾（世茂、世潮皆有出版）

22. 《祕密沒教你的寶地圖夢想實現法：許願沒成功就是缺了寶地圖（幸せな宝地であなたの夢がかなう）》，望月俊孝。（智富出版，2012）

23. 《約翰‧洛克菲勒：石油的浸禮（John D. Rockefeller: Anointed with Oil）》，（Grant Segall）。（無繁體中譯本）

24. 《讓夢想成真的128則故事》，申京植編著。（無中譯本）

25. 《商神李嘉誠》，洪夏祥，中央M&B。（無中譯本）

26. 《有錢人的口頭禪，貧窮人的口頭禪 ──日本鉅富齋藤一人的幸福千遍法則（斉藤一人の絶対成功する千回の法則）》，齋藤一人。（先覺出版，2007）

27. 《頭腦革新學習法（思うように時間がとれない大人のための科学的勉強法）》，福井一成。（無中譯本）

28. 《今天我也要煮一碗夢想的炸醬麵》。（無中譯本）

29. 《勇於戰勝：迎接生命中所有的挑戰（Dare to Win）》，傑克‧坎菲爾、馬克‧韓森。（成智出版，1998）

30. 《銷售專家的祕密筆記（On the Road To Sales Master）》，伊布拉欣‧埃爾菲基。（無中譯本）

31. 《看見成長的自己（Mindset: The New Psychology of Success）》，卡羅爾‧德韋克（Carol Dweck）。（無繁體中譯本）

32. 《我依然是富翁（人間はその人の考えそのものである—ポール‧マイヤーに学ぶ人生の知恵）》。（無中譯本）

33. 《保羅梅爾與給予的藝術（Paul Meyer and Art of Giving）》，約翰‧哈該（John Edmund Haggai）。（無中譯本）

34. 《就是要成功：為成功創造條件（The Success Principles: How to Get from Where You Are to Where You Want to Be）》，傑克‧坎菲爾、珍妮‧斯威茨（Janet Switzer）。

35. 《成功者的想法與眾不同》。（無中譯本）

《祕密沒教你的寶地圖夢想實現法：許願沒成功就是缺了寶地圖（幸せな宝地であなたの夢がかなう）》，望月俊孝。

36. 〈奧運六連霸神射手要告訴考生、社會新鮮人的「特殊心理訓練法」〉，新東亞特卷 514 號。

37. 《21 世紀的意念力（Mind Power Mind Power into the 21st Century）》，約翰‧基歐（John Kehoe）。（無繁體中譯本）

38. 《雅詩‧蘭黛：一個成功的故事（Estee: A Success Story）》，雅絲‧蘭黛。

39. 《就是要成功：為成功創造條件（The Success Principles: How to Get from Where You Are to Where You Want to Be）》，傑克‧坎菲爾、珍妮‧斯威茨（Janet Switzer）。

40. 《青春成功白皮書（If You Think You Can!: Thirteen Laws that Govern the Performance of High Achievers）》，（T. J. Hoisington）。（無中文譯本）

41. 《韓國資本主義的開拓者》，趙東星等。（無中譯本）

42. 《孫正義正傳：軟體銀行創業傳奇（孫正義 起業の若き獅子）》，大下英治。（商周出版，2000）

43. 《做你想做的事（Discovering Yourself: Living the Work You Were Meant to Do）》，奧里森‧斯威特‧馬登（Orison Swett Marden）。

44. 《HONDA 創辦人本田宗一郎的履歷書（本田宗一郎夢を力に—私の履歷書）》，本田宗一郎。（經濟新潮社，2013）

45. 《華頓商學院的高效談判學：讓你成為最好的談判者！（Bargaining for Advantage：Negotiation Strategies for Reasonable People）》，理查‧謝爾（Richard Shell）。（經濟新潮社，2012）

46. 《心靜致富的 16 大祕訣（Grow Rich! With Peace of Mind）》，拿破崙‧希爾。（世潮出版，2002）

47. 《富裕的運轉法則（The Dynamic Laws of Prosperity）》，凱薩琳‧龐德。（無中譯本）

48.《就是要成功：為成功創造條件（The Success Principles: How to Get from Where You Are to Where You Want to Be）》，傑克・坎菲爾、珍妮・斯威茨（Janet Switzer）。

49.《心理控制術：改變自我的意象，改變你的人生（The New Psycho-Cybernetic）》，麥斯威爾・瑪爾茲。（無繁體中譯本）

50.《時間力：如何有效利用時間做好所有的事情（Time Power: A Proven System for Getting More Done in Less Time Than You Ever Thought Possible）》，博恩・崔西（Brian Tracy）。（無繁體中譯本）

51.《做你想做的事（Discovering Yourself: Living the Work You Were Meant to Do）》，奧里森・斯威特・馬登（Orison Swett Marden）。

52.《就是要成功：為成功創造條件（The Success Principles: How to Get from Where You Are to Where You Want to Be）》，傑克・坎菲爾、珍妮・斯威茨（Janet Switzer）。

53.《寫在紙上，就能實現（Write It Down, Make It Happen：Knowing What You Want and Getting It）》，亨利爾特・安・克勞斯爾（Henriette Anne Klauser）。（無中譯本）

54.《CEO to CEO》，稻盛和夫。（查無日文原著書名）

55.《心靈雞湯2（Chicken Soup for the Soul 2）》，傑克・坎菲爾、馬克・韓森，柳時和譯。（晨星出版，1996）

56.《就是要成功：為成功創造條件（The Success Principles: How to Get from Where You Are to Where You Want to Be）》，傑克・坎菲爾、珍妮・斯威茨（Janet Switzer）。

57.《MBA也沒有教的報告方式（Knockout Presentations: How to Deliver Your Message With Power, Punch, and Pizzazz）》，黛安娜・迪瑞斯塔（Diane DiResta）。（無中譯本）

58.《第一名的技術》，金相運。（無中譯本）

59.《心靜致富的16大祕訣（Grow Rich! With Peace of Mind）》，拿破崙・希爾。

60.《傻傻讀書，聰明做夢》，申雄鎮。（無中譯本）

你的夢想是什麼？

高寶書版集團
gobooks.com.tw

勵志書架 039
夢想成真的力量：全球成功人士實證，改變命運的超強公式
꿈꾸는 다락방

作　　者	二志成
譯　　者	林侑毅
編　　輯	尹嘉玄
校　　對	鄭淑慧
封面設計	江孟達
美術編輯	黃鳳君
排　　版	彭立瑋
出　　版	英屬維京群島商高寶國際有限公司台灣分公司
	Global Group Holdings, Ltd.
地　　址	台北市內湖區洲子街88號3樓
網　　址	gobooks.com.tw
電　　話	(02) 27992788
電　　郵	readers@gobooks.com.tw（讀者服務部）
	pr@gobooks.com.tw（公關諮詢部）
傳　　真	出版部　(02) 27990909　行銷部 (02) 27993088
郵政劃撥	19394552
戶　　名	英屬維京群島商高寶國際有限公司台灣分公司
發　　行	希代多媒體書版股份有限公司/Printed in Taiwan
初版日期	2013年9月

꿈꾸는 다락방 (Dreaming in a garret)
Copyright © 2007 by 이지성
All rights reserved
Complex Chinese Copyright © 2013 by Global Group Holdings, Ltd.
Complex Chinese language edition arranged with KUGIL PUBLISHING
through Eric Yang Agency Inc.

國家圖書館出版品預行編目（CIP）資料

夢想成真的力量：全球成功人士實證，改變命運的
超強公式 / 二志成著；林侑毅譯 . -- 初版 . -- 臺北市
：高寶國際出版：希代多媒體發行，
2013.09　面；　公分 . -- (勵志書架；39)

ISBN 978-986-185-900-2(平裝)

1. 成功法　2. 自我實現

177.2　　　　　　　　　　　102014780

Realization = Vivid Dreaming